PROFECÍA EXPLICADA

COMPRENDIENDO LOS EVENTOS FUTUROS SEGÚN LAS ESCRITURAS

"La profecía bíblica no es un misterio inalcanzable ni un tema reservado para unos pocos."

SAMUEL VIZCARRONDO

EDITORIAL
IMPERIAL
CROWNED BY SUCCESS

Editorial Imperial. Primera edición 2025
EditorialImperial.com
ISBN: 978-1-953689-91-7
Categorías: Estudios Bíblicos / Escatología / Profecía

EDITORIAL
IMPERIAL
CROWNED BY SUCCESS

Agradecimientos

Con un corazón lleno de gratitud, quiero agradecer primeramente a Dios Todopoderoso, quien, en su infinita misericordia, me llamó, me transformó y me ha guiado en este camino de fe. A Él sea toda la gloria y el honor por permitirme compartir este conocimiento y por revelarme su verdad a través de su Palabra.

A quien fue mi primer pastor, Luis F. Figueroa, a quien Dios usó en mi vida de una manera especial: fuiste el instrumento que me llevó a recibir a Jesús como mi Salvador y quien, con amor y paciencia, me dio una profunda instrucción en la fe. Nunca olvidaré el momento en que oraste por mí para recibir el bautismo del Espíritu Santo por la imposición de tus manos. Esa experiencia marcó mi vida y me impulsó a seguir buscando más de Dios.

Gracias por abrirme las puertas al estudio de la Biblia, por confiar en mí y darme la oportunidad de enseñar la Palabra. Tus enseñanzas y mentoría fueron fundamentales en mi formación, y este libro es, en parte, fruto de aquella semilla que sembraste en mi corazón.

A mi familia: mi esposa, Ruth Nereida Estrada de Vizcarrondo, y mis hijos, Ruth Mary, Samuel Abraham y Carlos David, por su amor, paciencia y apoyo incondicional en cada etapa de mi vida y ministerio. Gracias por ser mi inspiración y mi mayor tesoro en esta tierra.

A todos los hermanos y amigos que han sido parte de mi caminar en la fe, que han orado por mí, me han animado y han compartido conmigo el deseo de profundizar en el conocimiento de la Palabra de Dios: su apoyo y amistad han sido una bendición invaluable.

Este libro es un testimonio del amor y la fidelidad de Dios. Oro para que cada persona que lo lea sea edificada, fortalecida y animada a perseverar en la fe, esperando con gozo el cumplimiento de las promesas divinas.

Con amor y gratitud,
Samuel Vizcarrondo

Dedicatoria

A mi amada esposa, Ruth Nereida Estrada de Vizcarrondo, tu amor, apoyo inquebrantable y fe en Dios han sido un reflejo del propósito divino en mi vida. Gracias por caminar a mi lado en este viaje, por ser mi fortaleza en los momentos de prueba y por inspirarme a seguir adelante en la misión que Dios me ha encomendado.

A mis hijos, Ruth Mary, Samuel Abraham y Carlos David, ustedes son mi mayor bendición y el testimonio vivo del amor y la gracia de Dios en nuestra familia. Oro para que sus vidas estén siempre guiadas por la verdad de la Palabra y que su fe sea firme en cada paso del camino.

Que este libro sea un legado para ustedes, un recordatorio de la fidelidad de Dios y una invitación a profundizar en su Palabra, esperando con gozo la gloriosa esperanza que Él nos ha prometido.

Contenido

Introducción

El estudio de la escatología, o el análisis de los eventos futuros revelados en las Sagradas Escrituras, es un tema de profunda importancia espiritual. Muchas personas sienten curiosidad por los eventos futuros descritos en la Biblia, pero a menudo encuentran difícil comprender los textos proféticos debido a su lenguaje simbólico y su profundidad teológica. Este libro, *"Profecía Explicada: Comprendiendo los eventos futuros según las Escrituras",* ha sido escrito con un enfoque didáctico y accesible, con el propósito de ayudar tanto a estudiosos como a principiantes de la Biblia a entender la escatología de manera clara y estructurada.

He escrito este libro con el propósito principal de edificar a los creyentes, proporcionando una exploración estructurada y basada en la Biblia sobre los acontecimientos proféticos que esperan a aquellos que ponen su fe en Jesús, el Hijo de Dios.

La escatología, o el estudio de los últimos tiempos, es fundamental para la fe cristiana porque nos permite comprender el plan de Dios para la humanidad y fortalecer nuestra esperanza en Cristo. Sin embargo, este conocimiento debe basarse en una interpretación fiel y equilibrada de las Escrituras, sin caer en especulaciones ni en enfoques sensacionalistas. Por ello, este libro presenta un análisis profundo pero accesible, sustentado en una revisión completa de los textos proféticos desde Génesis hasta Apocalipsis.

Antes de profundizar en este estudio, te animo a abordar este material con diligencia y devoción. La escatología no es un tema que deba tomarse a la ligera, y para comprender estos conceptos complejos, será esencial examinar cuidadosamente las referencias bíblicas que acompañan cada capítulo. Tal como el apóstol Pablo exhortó a Timoteo:

"Procura con diligencia presentarte a Dios aprobado, como obrero que no tiene de qué avergonzarse, que usa bien la palabra de verdad." (2 Timoteo 2:15)

Es mi deseo sincero que, a través de este libro, crezcas en convicción y sabiduría, utilizándolo como un recurso en tu búsqueda de comprensión de la profecía bíblica. Este libro también ha sido diseñado como una herramienta de enseñanza para líderes de escuela dominical, facilitadores de grupos pequeños e instructores bíblicos que deseen guiar a otros en estos temas fundamentales. Escrito de manera clara y accesible, esta obra no busca especular ni profetizar revelaciones personales, sino más bien presentar lo que las Escrituras declaran acerca de los últimos tiempos, considerando el consejo completo de la Palabra de Dios, y no solo versículos o libros aislados.

UN LLAMADO A LA COMPRENSIÓN

Como creyente en Cristo desde 1987 y alguien que ha experimentado el cumplimiento de la promesa del Espíritu Santo, escribo este libro desde una posición de experiencia espiritual y estudio diligente. Tal como el apóstol Pablo declaró con confianza en 1 Corintios 7:40, "yo también tengo el Espíritu de Dios", y es con esa misma convicción que comparto mis reflexiones y hallazgos.

Más allá de la convicción espiritual, he dedicado más de 20 años de estudio y experiencias personales para complementar este material. Mi base teológica se fortaleció a través de un programa intensivo de aprendizaje de seis meses cuando era miembro de la Iglesia de Dios en Tacoma, WA, así como mediante cursos teológicos y bíblicos con diversas instituciones cristianas vinculadas con la Iglesia de Dios. Además, he tenido el privilegio de recibir enseñanza de pastores con gran sabiduría, quienes enfatizaron la importancia de estudiar la Biblia anualmente.

Estas experiencias me abrieron las puertas para enseñar clases de escuela dominical y, en algunas ocasiones, predicar la Palabra de Dios en la congregación.

UN ENFOQUE INTEGRAL

Este libro es un compendio de escatología bíblica, compilado a partir de años de estudio personal y preparación para la enseñanza de temas como:

- La Gran Tribulación
- El Anticristo
- La Batalla de Armagedón
- La Caída de Babilonia la Grande
- El Destino de los Perdidos
- La Resurrección
- La Restauración Celestial

Este es un estudio sistemático y fundamentado en la Biblia que te ayudará a comprender el plan profético de Dios.

UNA PERSPECTIVA GLOBAL

Más allá de mis estudios teológicos, mi experiencia como miembro del ejército durante más de 22 años en el Army de los Estados Unidos me ha llevado a distintos países, permitiéndome conocer diversas culturas y tradiciones. A través de estas vivencias, he sido testigo del poder de la gracia de Dios, guiando y sosteniendo a Su pueblo. Mi vida es un testimonio de Su misericordia y amor inagotables, y he visto cómo la profecía bíblica no es solo un estudio teórico, sino una realidad viva que sigue desarrollándose ante nuestros ojos.

UNA PERSPECTIVA EQUILIBRADA Y BÍBLICA

El objetivo de este libro no es especular ni fijar fechas o interpretaciones personales sobre el fin de los tiempos. En cambio, se enfoca en exponer lo que las Escrituras enseñan de manera clara y bíblica. Muchas veces, la profecía ha sido utilizada para sembrar temor o confusión, pero su propósito es fortalecer nuestra fe y ayudarnos a vivir con expectativa y preparación.

A medida que leas este libro, te invito a buscar la sabiduría de Dios y permitir que Su Espíritu guíe tu entendimiento. Que este estudio fortalezca tu fe, profundice tu conocimiento de la Palabra de Dios y te prepare para la gloriosa esperanza que espera a todos los que confían en Cristo.

Que este estudio sea una bendición para tu vida y te ayude a comprender mejor los tiempos en los que vivimos, confiando en el plan perfecto de Dios para la humanidad.

Iniciemos juntos este viaje con corazones y mentes abiertas, explorando las verdades eternas del plan profético de Dios.

Bienvenido a este viaje de aprendizaje y revelación bíblica.

En Su servicio,
Samuel Vizcarrondo

CAPÍTULO 1

La gran tribulación

Este acontecimiento profético es controversial y difícil de entender, ya que existen tres opiniones entre los creyentes teólogos, maestros y estudiosos de la Escrituras. La siguiente es mi interpretación de este tema de acuerdo con mis propios estudios, experiencia y conocimiento del asunto.

Cuando hablamos de la tribulación que la Biblia declara, no podemos olvidar su origen, propósito y objetivo. Tampoco debemos pasar por alto su significado escritural, el cual puede confundir la verdad.

Las Escrituras hablan de la tribulación y la gran tribulación. Estos términos se refieren a ciertos periodos de juicios e ira y tiempos de sufrimientos y catástrofes en los cuales el mundo, el pueblo de Israel, y los incrédulos pasarán pruebas y dolor aquí en la tierra. Entre los creyentes hay quienes creen que la Iglesia pasará por la gran tribulación. Ellos mezclan las profecías hechas para el pueblo judío con la Iglesia del Señor; usan Mateo 24:29 en adelante para sostener su opinión y otros versículos que son destinados para el pueblo de Israel. Aunque Mateo 24 enfatiza la venida visible de Jesús, también describe cómo será el rapto de la Iglesia (versos 40-41); pero en la mayoría del contexto, este capítulo está dirigido a Israel como pueblo de Dios. Otro pequeño grupo defiende que la Iglesia será librada a la mitad de la tribulación; y confunden la enseñanza en la cual Dios defiende al pueblo de Israel de los reinos del mundo que viene a pelear contra ellos (Apocalipsis 19:11).

Mi creencia es que la Iglesia no pasara por la gran tribulación ni la tribulación, ya que Jesús nos libra de la ira venidera; su muerte y resurrección garantiza Su promesa a los creyentes. En 1 Tesalonicenses 1:10 dice: «y esperar de los cielos a su Hijo, al cual resucitó de los muertos, a Jesús, quien nos libra de la ira venidera.»

¿Cómo nos librará? Pues de acuerdo con 1 Tesalonicenses 4:13-18, a este acontecimiento le llamamos el rapto de la Iglesia. Será un arrebatamiento global, instantáneo, en un abrir y cerrar de ojos al final de la trompeta, como lo describe 1 Corintios 15:51-58. Después del arrebatamiento de la Iglesia es que comienza la tribulación o la gran tribulación.

Cuando Juan recibió la revelación de Jesucristo en Apocalipsis capítulos 1 al 3, vemos que Jesús está hablando de la Iglesia, hasta el 3:22. Luego, en el capítulo 4, Jesús le hace una invitación al apóstol Juan, la cual es profética y simbólica cuando le dice: «Sube acá», en el verso 1; en el verso 2, Juan está en el espíritu y en el cielo. Esta es una ilustración del rapto de la Iglesia, suceso que ocurrirá a todos los creyentes que estén vivos cuando Cristo venga como ladrón en la noche (Apocalipsis 16:15). Ellos serán transformados por el poder de Dios y revestidos de la gloria de Jesús. Los muertos en Cristo resucitarán en la primera resurrección, y los trasformados y los resucitados juntos serán transportados al tercer Cielo a la presencia del Señor. Los creyentes de Jesucristo no veremos al Anticristo ni al Falso Profeta, pues cuando estos personajes se manifiesten es cuando comienza la tribulación y la gran tribulación.

DEFINICIÓN DE TRIBULACIÓN

La palabra tribulación se refiere a una gran congoja, aflicción o tormento y juicios. Una prueba según Apocalipsis 3:10 y 2 Tesalonicenses 1:5.

La gran tribulación es tanto la ira de Dios sobre la tierra y sus moradores en los tiempos finales, para mostrar Su justicia. Es un momento en el cual también se mostrará la maldad de Satanás contra los santos a través del Anticristo. Puedo decir sin lugar a duda que nunca hubo un tiempo como la gran tribulación ni se repetirá, porque es único en la historia del hombre, y fue establecido por Dios. Empezara inmediatamente después de la dispensación de la gracia.

I. ¿Quiénes pasarán por la gran tribulación?

• Todos los que son contenciosos y no obedecen a la verdad. Teniendo en cuenta que la verdad es Cristo (Romanos 2:8), el Espíritu (Juan 14:6; 14:17; 16:13) y la Palabra (Juan 17:17) son la verdad.

• Todo ser humano que hace lo malo según Romanos 2:9.

• Los que son borrados del libro de la vida (Apocalipsis 3:3-5), los indiferentes e indignos según (Lucas 21:34-36), los que son dados a la glotonería y embriaguez, también los descuidados. Hay que ser hallado digno para estar ante la presencia del Señor (Hebreos 2:1-4; 10:26-29).

• Los tibios (Apocalipsis 3:15-16).

• Los insensatos. En Mateo 25:1-13 vemos a las vírgenes que no lograron entrar a las bodas; ellas representan a los insensatos.

• Los que no creen al Hijo de Dios, según Juan 3:36.

II. ¿La Iglesia pasará por la gran tribulación?

Mi convicción y creencia es que no. Es cierto que la iglesia verdadera (el cuerpo de Cristo) no estará aquí en la tierra durante este periodo. La gran tribulación es sobre la tierra y sus moradores; pero todos los redimidos con la sangre de Cristo, obedientes al Señor y que hayan perseverado serán librados de la ira y de la prueba que vendrá como dice en (Apocalipsis 3:10; 1 Tesalonicenses

1:10). Así también dice:

«Yo le dije: Señor, tú lo sabes. Y él me dijo: Estos son los que han salido de la gran tribulación, y han lavado sus ropas, y las han emblanquecido en la sangre del Cordero». Apocalipsis 7:14

«Pues mucho más, estando ya justificados en su sangre, por él seremos salvos de la ira». Romanos 5:9-11

«Porque no nos ha puesto Dios para ira, sino para alcanzar salvación por medio de nuestro Señor Jesucristo...» 1 Tesalonicenses 5:9-10

III. ¿Todos los que pasen por la gran tribulación serán condenados?

En las Escrituras podemos ver que habrá santos que pasarán por la gran tribulación (Romanos 8:28-39), posiblemente por su desobediencia a la Palabra de Dios, junto con el pueblo de Israel y todas las naciones. En Apocalipsis 13:7 dice que todos ellos pasarán por la gran tribulación y muchos obtendrán condenación eterna.

También pasarán la tribulación los que rechazaron a Cristo Jesús, de acuerdo a Hebreos 10:39. De este grupo, los santos tendrán que dejarse decapitar por causa del testimonio de Jesús y por la Palabra de Dios para entrar con salvación a la eternidad, ya que la habían descuidado.

Apocalipsis 20:4 dice: «Y vi tronos, y se sentaron sobre ellos los que recibieron facultad de juzgar; y vi las almas de los decapitados por causa del testimonio de Jesús y por la palabra de Dios, los que no habían adorado a la bestia ni a su imagen, y que no recibieron la marca en sus frentes ni en sus manos; y vivieron y reinaron con Cristo mil años».

Lea estas otras referencias que nos hablan de los que pasarán por la prueba y serán salvos si se mantienen hasta el fin: 2 Tesalonicenses 1:3-12; Hebreos 10:26-29, 39; 1 Pedro 1:3-9; 1 Corintios 3:10-15. También:

«Y le dijo Jehová: Pasa por en medio de la ciudad, por en medio de Jerusalén, y ponles una señal en la frente a los hombres que gimen y que claman a causa de todas las abominaciones que se hacen en medio de ella». Ezequiel 9:4

«Diciendo: No hagáis daño a la tierra, ni al mar, ni a los árboles, hasta que hayamos sellado en sus frentes a los siervos de nuestro Dios. Y oí el número de los sellados: ciento cuarenta y cuatro mil sellados de todas las tribus de los hijos de Israel.» Apocalipsis 7:3-4

Este último verso hace referencia al versículo de Ezequiel. Dios permite que este grupo pase por la gran tribulación para mostrar su justicia y cumplir Su Palabra. El pueblo de Israel pasará por la ira de Dios ya que rechazaron la gracia y la verdad, el cual es Jesucristo. Y solo un remanente será salvo según (Romanos 9:27-28). En estos versos se aplica la declaración de Jesús que dice en Mateo 24:22: «Y si aquellos días no fueran acortados, nadie sería salvo; más por causa de los escogidos, aquellos días serán acortados». ¿Y quiénes son los escogidos? Según 2 Timoteo 2:10 y 1 Pedro 1:6-9, los escogidos son el pueblo de Israel —por la promesa al patriarca Abraham en el antiguo pacto—, y todos los redimidos con la sangre de Cristo. Porque en el nuevo pacto, Jesús en su muerte hizo de estos dos un solo pueblo escogido, nación santa, reyes y sacerdotes como dice en (Efesios 2:14-16; 2 Pedro 1:3-11).

IV. ¿Cuáles son las señales?

Jesús dijo en Mateo 24: 21: «Porque habrá entonces gran tribulación, cual no la ha habido desde el principio del mundo hasta ahora, ni la habrá». Muchas de las señales que Jesús mencionó se han cumplido al pie de la letra, como principio de dolor, pero Él dijo que aún no era el fin, porque todas las señales tendrán su cumplimiento total durante la gran tribulación. Y me refiero específicamente al verso de Mateo 24:15 que dice: «Por tanto, cuando veáis en el lugar santo la abominación desoladora de que habló el profeta Daniel (el que lee, entienda)». En esta última expresión, Jesús nos exhorta a entender lo que leemos.

¿Qué es lo que dice el profeta Daniel con relación a este suceso?

«Y por otra semana confirmará el pacto con muchos; a la mitad de la semana hará cesar el sacrificio y la ofrenda. Después con la muchedumbre de las abominaciones vendrá el desolador, hasta que venga la consumación, y lo que está determinado se derrame sobre el desolador». Daniel 9:27

«Y se levantarán de su parte tropas que profanarán el santuario y la fortaleza, y quitarán el continuo sacrificio, y pondrán la abominación desoladora». Daniel 11:31

«Él respondió: Anda, Daniel, pues estas palabras están cerradas y selladas hasta el tiempo del fin. Muchos serán limpios, y emblanquecidos y purificados; los impíos procederán impíamente, y ninguno de los impíos entenderá, pero los entendidos comprenderán. Desde el tiempo que sea quitado el continuo sacrificio hasta la abominación desoladora habrá mil doscientos noventa días». Daniel 12:9-11

Ahora bien, no nos podemos olvidar que después de Daniel han ocurrido abominaciones en el templo de Israel. Y también han profanado el templo después que Jesús terminó su ministerio terrenal.

Abominación es un término que traduce cuatro vocablos hebreos en el Antiguo Testamento, y en resumen señala la repugnancia que produce un objeto, persona o práctica en el templo de Dios; incluye:

1. Violación a un tabú. Pagano.
2. Ídolos, imágenes al cual adoran.
3. Practicar la idolatría.
4. Pecados y malas actitudes.

Esta profecía de la abominación desoladora de Daniel alude, sin lugar a duda, a la profanación del altar de holocausto en Jerusalén por orden de Antíoco IV Epífanes, aproximadamente 163 años antes de

Cristo, donde él sacrificó cerdos, cesó el sacrificio original y sitió el templo, esto ocurrió en el periodo de los macabeos. Antíoco es un nombre común entre los reyes de Seleúcidas de Siria. Hubo trece reyes con este nombre. Pero Epífanes IV pretendía unir a todos sus súbditos bajo un solo idioma, una sola ley y una sola religión; persiguió a los judíos al punto de prohibir a las mujeres judías circuncidar a sus recién nacidos y les castigó por no comer cerdo. Esto le costó la enemistad con los judíos. Judas Macabeo, hijo de Matatías, fue el líder de Israel gracias a quien restauraron el templo y el sacrificio del altar.

En la historia de la religión se ha declarado que el templo de Jerusalén fue profanado anteriormente, incluyendo el año 70 después de Cristo, en donde los romanos bajo las órdenes del emperador Tito Flavio Sabino profanaron el templo al generar su absoluta destrucción, tratando así de destruir la fe de los judíos.

Pero podemos ver que esta abominación desoladora que menciona Jesús incluye aun más de lo que ya ha ocurrido y de todas manera es para el fin, su total cumplimiento. Esto será cuando el hombre de perdición, el Anticristo, se siente en el templo de Dios como dios y demande adoración como lo describe (2 Tesalonicenses 2:3-4, Apocalipsis 11:1-2, Apocalipsis 13:7-8).

Esto es algo que nunca ha ocurrido en el templo de Dios, o sea, en Jerusalén. Todo lo demás referente a esta profecía ya se ha cumplido, menos este acontecimiento.

Los que somos de Cristo y estamos en Él no estaremos en la tierra en el periodo de la gran tribulación, sino que seremos arrebatados en nubes hacia el cielo, a la presencia de Dios nuestro Señor. Tendremos cuerpos transformados y gozaremos de la bendición de Dios en su plenitud; no más llanto, ni sufrimiento, ni dolor, ni muerte. Recibiremos nuestro galardón en el tribunal de Cristo y participaremos de las bodas del Cordero en el reino de los cielos (Apocalipsis 19:7-9).

«Porque todos compareceremos ante el tribunal de Cristo». Romanos 14:10b-11

«Porque es necesario que todos nosotros comparezcamos ante el tribunal de Cristo, para que cada uno reciba según lo que haya hecho mientras estaba en el cuerpo, sea bueno o malo». 2 Corintios 5:10

Este suceso ante el tribunal de Cristo no está relacionado con salvación o condenación, sino con recompensas adicionales por nuestra labor en el Señor.

Mientras aquí en la tierra caen los juicios de Dios, como cumplimiento de su justicia, allá en el cielo nos cubrirá su bendición de gracia. Dios siempre ha librado a su pueblo fiel y obediente de la ira y también nos librará de la gran tribulación.

Según Lucas 21:34-36, los indignos, descuidados o indiferentes, los que practican la conducta de glotonería y la embriaguez, los que fueron borrados del libro de la vida (Apocalipsis 3:3-5, Hechos 10:26-29) pasarán por la gran tribulación.

PROFECÍA EXPLICADA - *Comprendiendo Los Eventos Futuros Según Las Escrituras*

«Y se le permitió hacer guerra contra los santos, y vencerlos. También se le dio autoridad sobre toda tribu, pueblo, lengua y nación.» Apocalipsis 13:7

«Y vi tronos, y se sentaron sobre ellos los que recibieron facultad de juzgar; y vi las almas de los decapitados del testimonio de Jesús y por la palabra de Dios, los que no habían adorado a la bestia ni a su imagen, y que no recibieron la marca en sus frentes ni en sus manos; y vivieron y reinaron con Cristo mil años». Apocalipsis 20:4

«Cuando abrió el quinto sello, vi bajo el altar las almas de los que habían sido muertos por causa de la palabra de Dios y por el testimonio que tenían. Y clamaban a gran voz, diciendo: ¿Hasta cuándo, Señor, santo y verdadero, no juzgas y vengas nuestra sangre en los que moran en la tierra? Y se les dieron vestiduras blancas, y se les dijo que descansasen todavía un poco de tiempo, hasta que se completara el número de sus consiervos y sus hermanos, que también habían de ser muertos como ellos». Apocalipsis 6:9-11

Durante la gran tribulación, los santos que se quedaron pasarán por esta terrible prueba y su única salida para salvación será la muerte por decapitación. Conforme a Apocalipsis 7:13-17 podemos ver claramente que habrá santos que pasarán por la gran tribulación, tanto desde el principio como hasta casi el final. La razón principal por la cual estos santos se quedarán es por su desobediencia al Señor y a Su Palabra.

Nótese que, para el periodo de la gran tribulación, se podrá separar la humanidad de la siguiente manera:

I. Judíos, gentiles y la iglesia de Dios (1 Corintios 10:32)

Comprende a las naciones que no aceptaron a Cristo como su Salvador y Redentor. Todos los judíos que no reciben el evangelio de Cristo, ni lo reconocen como su Mesías, junto con los santos que no fueron dignos de estar delante del Hijo del Hombre, o sea que no se fueron en el rapto.

«Porque como un lazo vendrá sobre todos los que habitan sobre la faz de toda la tierra. Velad, pues en todo tiempo orando que seáis tenidos por dignos de escapar de todas las cosas que vendrán, y de estar en pie delante del Hijo del Hombre.» Lucas 21:35-36

II. El remanente sellado

Los versos de Apocalipsis 7:3-4 y Ezequiel 9:4 muestran el grupo específico del pueblo de Israel que pasará por la gran tribulación y aun así este remanente será salvo. No todo el pueblo de Israel sino solamente el remanente ya sellado (Romanos 9:27-28). A este grupo es que Jesús llama escogidos. Es a ellos a quienes aplica la declaración de Jesús que dice:

«Y si aquellos días no fueran acortados, nadie seria salvo; más por causa de los escogidos, aquellos días serán acortados.» Mateo 24:22

Los escogidos son tanto el pueblo de Israel por la promesa al patriarca Abraham en el antiguo pacto, y todos los redimidos con la sangre de Cristo que andan en fe. Porque en el nuevo pacto Jesucristo, mediante la cruz de ambos pueblos hizo un solo cuerpo (Efesios 2:13-16).

«Por tanto, todo lo soporto por amor de los escogidos, para que ellos también obtengan la salvación que es en Cristo Jesús con gloria eterna.» 2 Timoteo 2:10

III. ¿Todos los que pasen por la gran tribulación serán condenados eternamente?
La historia de Enoc, en el Antiguo Testamento, el cual fue arrebatado para no ver muerte (Génesis 5:22-24) e inmediatamente después de esta historia aparece el diluvio, en la historia de Noé (Génesis 6:8), y esto ilustra lo que va a suceder en los últimos tiempos con el rapto de la iglesia. Así como los que no estuvieron en el arca de Noé pasaron por el diluvio, de igual manera los que no estén en el barco de la salvación, el cual es Cristo, pasarán por la gran tribulación. Como hemos visto en los versos que leímos anteriormente, habrá santos que pasarán por la gran tribulación.

¿Recibirán condenación eterna por sus obras o serán salvos por la fe que pusieron en Cristo Jesús.? ¿Estos santos serán salvos por sus obras o por la gracia de Dios? Mi conclusión es que obtendrán salvación en la eternidad, la cual empieza inmediatamente después del milenio del reinado de Jesucristo en donde ellos serán partícipes (Apocalipsis 20:4; 1 Pedro 1:9).

Nada apartará a estos escogidos del amor de Dios, según Romanos 8:28-39. Esto no significa que los santos que pasen por la tribulación serán salvos de todas manera: Algunos opinan que el que es salvo siempre será salvo. No, no significa esto. Porque hay algo muy necesario y determinante que estos que se encuentran en ese periodo de prueba tienen que hacer según las escrituras: tienen que dejarse decapitar, no adorar la bestia, ni recibir su marca (Apocalipsis 2:10-11; 2:25-26; 3:5; 14:9-12; 2 Tesalonicenses 1:4-10). Estos santos serán salvos si son fieles hasta la muerte; esa es la única salida que tienen para salvación. De esta manera es que vencerán y no serán borrados del libro de la vida.

En Apocalipsis 13:8 hace esta referencia: «Y la adoraron todos los moradores de la tierra cuyos nombres no estaban escritos en el libro de la vida del Cordero que fue inmolado desde el principio del mundo».

Los que se irán en el rapto de la Iglesia, entrarán como dice 2 Pedro 1:11: «Porque de esta manera os será otorgada amplia y generosa entrada en el reino eterno de nuestro Señor y Salvador Jesucristo». Mientras que aquellos santos que salgan de la gran tribulación tendrán que ser probados por el fuego del justo juicio de Dios (1 Corintios 3:15; Efesios 2:4-9; Juan 3:14-18; Números 21:8-9).

IV. ¿Pasará la Iglesia por la gran tribulación?
Definitivamente no. Mi convicción es que la Iglesia será librada de esta ira. El poder del Espíritu Santo, el cual levantó al Señor Jesucristo de entre los muertos será

el mismo que levantará la Iglesia al encuentro del Señor. La Iglesia verdadera, (el cuerpo de Cristo) no estará aquí en la tierra durante la gran tribulación, porque este periodo será sobre toda la faz de la tierra. Pero escaparán de la gran tribulación los que esperan pacientes, los hijos de Dios que aman, viven en el espíritu, son obedientes a la Palabra de Dios, están en vela en fe y testifican a otros de Cristo y son fieles en todo al Señor (Apocalipsis 3:10; 1 Tesalonicenses 1:10; Romanos 5:9; 1 Tesalonicenses 5:9-10; Lucas 21:35-36). ¿Cómo es que Dios nos librará? Sacándonos de aquí y llevándonos al cielo, según 1 Tesalonicenses 4:16-17.

CONCLUSIÓN

Los que somos de Cristo y estamos en Él no estaremos en la tierra durante la gran tribulación, sino que seremos arrebatados en nubes hacia el cielo, a la presencia de Dios nuestro Señor. Tendremos cuerpos transformados y gozaremos de la bendición de Dios en su plenitud; no más llantos, ni más sufrimiento, ni dolor, ni muerte. Recibiremos nuestro galardón en el tribunal de Cristo, luego participaremos de las bodas del Cordero en el reino de los cielos.

CAPÍTULO 2

La multitud que sale de la gran tribulación

Mateo 24: 21-22

Después que Cristo levante su iglesia hacia el reino de Dios empezará la gran tribulación aquí en la tierra. La Biblia dice en Apocalipsis 12:7-9 que habrá una batalla entre el arcángel Miguel y sus ángeles, contra Satanás y sus ángeles. Y el diablo y sus ángeles no prevalecerán, ni se hallará lugar en el cielo para ellos. El Cielo aquí mencionado es el primero: el cielo del aire; tal como dice Efesios 2:2: «En los cuales anduvisteis en otro tiempo, siguiendo la corriente de este mundo, conforme al príncipe de la potestad del aire, el espíritu que ahora opera en los hijos de desobediencia». La Biblia también habla del tercer cielo: el cielo de Dios (2 Corintios 12:2-4).

Ahora mismo el diablo tiene control sobre el primer cielo. Sus fortalezas diabólicas están aquí. Pero la Palabra de Dios dice que serán arrojados y restringidos a la tierra. Todos los poderes satánicos se están manifestando en toda su fuerza, porque el diablo sabe que le queda poco tiempo (Apocalipsis 12:12). Si en la actualidad hay tanto crimen, guerra, delincuencia, droga, muerte, asaltos, prostitución y maldad, ¿cómo será durante la gran tribulación? Por eso Cristo dijo: «Y si aquellos días no fueran acortados, nadie sería salvo; mas por causa de los escogidos, aquellos días serán acortados» (Mateo 24:22).

Durante la gran tribulación se desarrollará tres series de juicios: siete sellos, siete trompetas y siete copas. Los sellos cubren una zona más amplia que las trompetas, pero son más severas. El Cordero abre los sellos, los ángeles tocan las trompetas y Dios derrama las copas. Los siete sellos incluyen el periodo total de juicio; de ellos surgen las trompetas; de las trompetas, las copas. Las trompetas y las copas presentan en detalle todo lo que los sellos denotan en general.

El séptimo sello contiene las siete trompetas y las siete copas:

- 1 Tesalonicenses 5:3 séptima trompeta contiene las siete copas.

- Habrá guerra mundial, hombres contra hombres y nación contra nación. La paz será quitada de la tierra. La batalla del Armagedón empezará Apocalipsis 6:4.

- Los alimentos escasearán en gran manera y muchos morirán. Apocalipsis 6:6-8.

- Habrá oscuridad; los astros no podrán iluminar durante una tercera parte del día o de la noche, además habrá gran tiniebla. Apocalipsis 6:12; 8:12.

ESTE ACONTECIMIENTO TRAERÁ TEMOR Y CONFUSIÓN.

A este tiempo las trompetas habrán comenzado a sonar. Ocurrirá el terremoto más grande y destructivo de la historia humana. Granizo y fuego caerá del cielo que quemará la tercera parte de los árboles y toda hierba verde. La tercera parte del mar se convertirá en sangre y morirá la tercera parte de los peces del mar (Apocalipsis 8:6). La tercera parte de los ríos y las fuentes de las aguas se pondrán amargas. Luego saldrán las langostas con poder como escorpiones para atormentar a los hombres por cinco meses, a aquellos que no tienen el sello de Dios en la frente. Y luego de esto serán desatados los cuatro ángeles que están preparados para este periodo, a fin de matar la tercera parte de los hombres. Aun después de todo esto la Palabra dice las personas no se arrepentirán de sus pecados.

Sobre el reinado del Anticristo se derramará una úlcera maligna y una pestilencia, apoderándose de los hombres que tienen la marca de la bestia. Aquí ya las copas serán derramadas sobre ellos. Pero para este tiempo, todo el que quiera comprar, negociar o trabajar tendrá que dejarse marcar en la mano derecha o en la frente con la marca de la bestia. Esta será una marca invisible al ojo humano; pero al exponerse a una luz infrarroja o ultravioleta, será posible identificarla. Apocalipsis 16:4 dice que para este tiempo los ríos y las fuentes de las aguas se habrán convertidos en sangre, o sea no habrá agua para beber. El calor será tan intenso para esta época que los rayos del sol quemarán a los hombres.

Actualmente los científicos afirman que los rayos solares están deteriorando la capa atmosférica que rodea la tierra. Esta es la que evita que los rayos penetren la tierra con todo su poder; pero para el tiempo de la gran tribulación, la radiación quemará a los hombres (2 Pedro 3:7-12; Apocalipsis 16:8-9).

«Y vi tronos, y se sentaron sobre ellos los que recibieron facultad de juzgar; y vi las almas de los decapitados por causa del testimonio de Jesús y por la Palabra de Dios, los que no habían adorado a la bestia ni a su imagen, y que no recibieron la marca en sus frentes ni en sus manos; y vivieron y reinaron con Cristo mil años». Apocalipsis 20:4

Durante la gran tribulación los santos que no se fueron en el rapto pasarán por esta terrible prueba. La razón principal por la cual estos santos se quedarán es por su desobediencia e infidelidad al Señor y a Su voluntad (Mateo 7:21; Hebreos 12:14; Salmos 24:3-4).

Todo hombre que no acepte a Cristo como su Salvador y Señor pasará por la gran tribulación. Todos los judíos que no reciban el evangelio de Jesucristo ni lo reconocen como su Mesías también pasarán por esta prueba, junto con los santos que no fueron dignos de estar delante del Hijo del Hombre y no se fueron en el rapto (Lucas 21:35-36; Apocalipsis 7:14).

¿Todos los que pasen por la gran tribulación serán condenados eternamente?

¿Recibirán condenación eterna los santos por sus obras o serán salvos por la fe que confesaron en Cristo Jesús? ¿Estos santos serán salvos por sus obras o por la gracia de Dios? Mi conclusión es que mantendrán su salvación en la eternidad si:

- Permanecen fiel a su confesión de fe
Apocalipsis 2:10-11

- Guardan la fe en Jesús hasta el fin
Apocalipsis 2:26; 3:5.

- Se dejan decapitar, no adorar a la bestia, ni recibir la marca de su imagen. Esta es la única salida que tienen para mantener eterna salvación. De esta manera es que vencerán y sus nombres no serán borrados del libro de la vida.

Los que se irán en el rapto de la Iglesia entrarán al cielo, como dice 2 Pedro 1:11: «Porque de esta manera os será otorgada amplia y generosa entrada en el reino eterno de nuestro Señor y Salvador Jesucristo». Mientras que los santos que salgan de la gran tribulación tendrán que ser probados por el fuego del justo juicio de Dios (1 Corintios 3:15; Apocalipsis 7:13-14). Así que, en conclusión, los creyentes obedientes y fieles de Jesucristo no estarán en la tierra durante la gran tribulación, sino en el tercer cielo, en la presencia de Dios nuestro Señor. Todos aquellos cristianos que guardan la Palabra y esperan en Jesús serán librados de la gran tribulación, esto está garantizado por la Palabra de Dios:

«Y esperar a Jesús, quién nos libra de la ira venidera».1 Tesalonicenses 1:10

«Por cuanto has guardado la palabra de mi paciencia, yo también te guardaré de la hora de la prueba que ha de venir sobre el mundo entero, para probar a los que moran sobre la tierra».
Apocalipsis 3:10

«Porque no nos ha puesto Dios para ira, sino para alcanzar salvación por medio de nuestro Señor Jesucristo; quien murió por nosotros para que ya sea que velemos, o que durmamos vivamos juntamente con él». 1 Tesalonicenses 5:9-10

CAPÍTULO 3

El Anticristo

Mateo 24: 21-22

EL ANTICRISTO O LA BESTIA
Mateo 24:3-5; 1 Juan 4-1-3

Es un humano completamente lleno de poder satánico (Apocalipsis 13:2; 2 Tesalonicenses 2:9), él recibirá los reinos de la tierra y tendrá control total, por un tiempo ya establecido por Dios, tanto económico, político, religioso y militar. El Anticristo es el enemigo de Cristo y se opone a todo lo que sea objeto de adoración. Al principio de su manifestación, por medio de engaño y mentira, ofrecerá a la gente lo que está buscando; su lema será la paz.

La gente busca paz, prosperidad y seguridad. Esto él traerá con engaños, y al cabo del tiempo determinado se sentará en el templo de Dios y reclamará que le adoren como si fuera Dios. El falso Profeta declarará muchas cosas a favor de el, la bestia y muchos creerán en él. Pero Jesús descenderá con Su poder y echará a ambos en el lago de fuego y azufre.

LA PALABRA DE DIOS LO IDENTIFICA CON VARIOS NOMBRES:

- Hombre de pecado e hijo de perdición (2 Tesalonicenses 2:3).
- Inicuo (2 Tesalonicenses 2:8).
- Impío (Isaías 11:4).
- La Bestia (Daniel 7:8-11; Apocalipsis 13:11).
- Anticristo (1 Juan 2:18, 22; 4:3, 2 Juan 7).
- Príncipe (Daniel 9:26-27).
- Rey (Daniel 11:36-38).
- Cuerno pequeño (Daniel 7:8).

Su manifestación en su plenitud no será hasta que el Espíritu Santo sea quitado, como cumplimiento de la dispensación de la gracia (2 Tesalonicenses 2: 1-12); este acontecimiento, en mi opinión, se dará lugar cuando la Iglesia de Jesucristo sea arrebatada en las nubes hacia el cielo (1 Tesalonicenses 4:16-17; 2 Tesalonicenses 2:6-7). Algunos cristianos enseñan que es la Iglesia (el cuerpo de Cristo) la que impide su completa manifestación: puede haber la posibilidad. Como también otros declaran que puede ser un ángel con cierta fuerza que refrena el mal.

Yo creo que es el Espíritu Santo, ya que Él es el mismo Dios y solo Dios tiene poder y autoridad para detener toda manifestación u obra de Satanás.

La Iglesia tiene cierto poder y hay señales que seguirán a los creyentes. Marcos 16:17, Efesios1:19-23 y Colosenses 1:16-19 hablan de la Iglesia, pero en sí dicen que es Dios mismo el que tiene poder, el cual ha sido dado a Jesús, como cabeza de la Iglesia.

LOS PODERES DEL DIABLO
(Daniel 10:13)

De la manera en que Jesús el Señor cumplió su ministerio terrenal, así también creo que el Espíritu Santo cumplirá su misión de la dispensación de la gracia. 2 Tesalonicenses 2:11-14 nos dice que Dios envía un poder engañoso porque no creyeron a la verdad, y que los que han creído, obtienen salvación y son santificado por el Espíritu Santo y la fe en la verdad. Efesios 1:13-14 declara que hemos sido sellado con el Espíritu Santo hasta el día de la redención, o sea hasta el día final de la gracia, porque el Espíritu Santo es el Espíritu de la gracia (Hebreos 10:29).

Zacarías 12:10 expresa que Dios derramará espíritu de gracia sobre la casa de David y sobre los moradores de Jerusalén; este suceso se dará durante la gran tribulación. La Iglesia no estará en la tierra ni tampoco el Espíritu Santo, sino que Dios proveerá a Israel con espíritu de gracia desde el mismo cielo con un propósito determinado (Isaías 32:15).

En Apocalipsis 11:11 nos dice la Palabra que el espíritu de vida es enviado por Dios para darle vida a los dos testigos. El Espíritu Santo es el espíritu de vida (Romanos 8:11).

PROCEDENCIA Y FIN DEL ANTICRISTO

El profeta Daniel profetizó este hecho (Daniel 8:20-25; 7:23-27; 2:36-40,44). Apocalipsis 11:2, 13:5-16 dice que este hombre lleno del poder del diablo tendrá autoridad para actuar 42 meses, o sea 3 años y 6 meses (Apocalipsis 13:5) como un enemigo de Cristo. Es hombre de pecado. Su estadía completa será de siete años, conforme al tiempo de la gran tribulación, o la última semana de Daniel, de la profecía de las setenta semanas (Daniel 9:20, 27).

Los primeros tres años y medios traerá paz, prosperidad y seguridad temporera (Mateo 24:15), luego Dios enviará sus juicios e ira tras abrir los sellos (Apocalipsis 6 y 8:5), las trompetas (Apocalipsis 8 y 9) y después las copas (Apocalipsis 16). Todo esto desatará guerra, destrucción, plagas y muerte sobre la tierra y los moradores de ella.

Egipto, Asiria (2 Reyes 17-20), Babilonia, Media y Persia (Daniel 5:28-31), Grecia (Daniel 8:20-25) y Roma (Daniel 7:23) son los siete grandes imperios mundiales que han existido (Daniel 8:8-10, 21-25; Apocalipsis 17:7-13). Grecia, el cual fue el sexto imperio mundial, se dividió en cuatro reinos; Tracia, Macedonia, Egipto y Siria (Daniel 3;22-24), del cual salió luego Roma. De uno de estos cuatro reinos saldrá el Anticristo. Se cree que tomará el control y reinará sobre el último imperio mundial: la confederación de los países europeos; llamado el «Tratado de Roma». Apocalipsis 17:7-13 habla del octavo reino. Recibe esa denominación, aunque pertenece al séptimo, porque es cabeza suprema del mismo séptimo imperio. Con el Anticristo también se levantará otro hombre llamado el Falso Profeta, quien hablará a su favor y hará grandes señales y milagros con el propósito de que la humanidad adore a la Bestia. Así existirán el Dragon (Satanás), La Bestia (El Anticristo) y La otra Bestia (El Falso Profeta) (Apocalipsis 17); y establecerán un sistema político, monetario y religioso mundial (Apocalipsis 13:7-17). Ellos tres tendrán su merecido en el tiempo ya determinado por Dios.

La Biblia dice que cuando digan paz y seguridad, entonces vendrá destrucción de repente y no podrán escapar. Se refiere aquí a la gran tribulación. Al final descenderá Jesucristo con sus santos, echará al lago de fuego y azufre al Anticristo y al Falso Profeta, y morirán todos los que estaban batallando (Apocalipsis 19: 20-21).

El Diablo será aprisionado en el abismo por mil años, o sea durante el reinado de Cristo en la tierra (El Milenio) (Apocalipsis 20:1-3). Durante este periodo habrá dos tipos de gente: personas con cuerpos inmortales e incorruptibles (cuerpos glorificados) y gente con cuerpos mortales y corruptibles (Filipenses 3:21; 1 Juan 3:2, Juan 20:26; 1 Corintios 15: 35-40; 50-54; Isaías 65:20). La profecía del Milenio se encuentra en Isaías 35:1-10; 11:1-10; Ezequiel 9:4-6; Isaías 45:17-25 y

Romanos 11:5. Mientras que los pasajes que hablan del remanente escogido por Dios se encuentran en Sofonías 3:8-13 y Zacarías 8:11-15.

Los de cuerpo natural son el remanente que Dios el Todopoderoso ha escogido de entre el pueblo de Israel.

Ellos serán los que disfrutarán de la tierra cambiada, paz y prosperidad. Se fructificarán y multiplicarán en este periodo de tiempo, y después del milenio tendrán la bendición de comer del fruto del árbol de la vida y recibir sanidad de las hojas (Apocalipsis 22:1-5), junto con las naciones que serán salvas (Apocalipsis 21:24). Ninguna persona sellada con la marca de la bestia o que haya adorado la imagen de la bestia estará en el milenio (Apocalipsis 19:17-21; 14:9-11), sino que morirá (Apocalipsis 16:2); y después del milenio recibirán eterna condenación Apocalipsis 20:4; 20:12-15).

El pueblo de Israel es el reloj cronológico de la profecía de Dios. Este pueblo se dividió en dos: Judá e Israel, con Jerusalén y Samaria como sus respectivas capitales. Y fue de Judá de donde salió la promesa: el Mesías, ya que Jesús nació en Belén, una ciudad de Judá (Mateo 2:6; Miqueas 5:2).

Debemos pedir a Dios en oración para que seamos encontrado dignos de estar frente al Hijo del Hombre; rogar a Dios de que podamos partir con todos los que aman la venida del Señor: la Iglesia verdadera, la novia del Cordero, la cual será librada de la prueba que viene sobre los moradores de la tierra. Esta es la única manera de estar seguro de no estar en la tierra cuando el Anticristo se manifieste.

Satanás —el diablo calumniador, mentiroso y engañador (2 Corintios 11:14), la serpiente astuta (Génesis 3:1), el dragón fuerte (Apocalipsis 20:1-3; 10)— siempre ha querido ser como Dios y trata de imitarlo. Satanás trata de emular la trinidad de Dios, o sea, la manera o forma en la cual se ha revelado al hombre en cada dispensación o tiempo: Dios es Padre (Juan 4:23-24), Dios es Jesús (Hijo) (Juan 1:1, 12) y Dios es Espíritu Santo (Hechos 5:3-4, 1 Juan 4:7).

CAPÍTULO 4

La batalla del Armagedón

Apocalipsis 19:1-20:3

El capítulo 19 de Apocalipsis trata del fin de la tribulación y de la gloriosa segunda venida de Cristo a la tierra para destruir a los impíos y para reinar a su pueblo. Aquí Jesús no está relacionado con el pecado. No vendrá a morir por el pecado, sino a dar vida a los que creen y esperan en Él.

«Así también Cristo fue ofrecido una sola vez para llevar los pecados de muchos; y aparecerá por segunda vez, sin relación con el pecado, para salvar a los que le esperan». Hebreos 9:28

El verso 1 comienza con un grito de alabanza y adoración hacia el Señor nuestro Dios, expresando la gozosa celebración celestial de la destrucción de Babilonia la Ramera. En este sistema religioso se «halló la sangre de los profetas y de los santos y de todos los que han sido muertos en la tierra» (Apocalipsis 18:24); estas son evidencias históricas reales. Ese será el sistema eclesiástico mundial, donde en una alianza ecuménica todas las religiones de las naciones estarán unidas, encabezada por la religión Católica Apostólica y Romana (Apocalipsis 17:5-6;18).

Habrá una gran multitud en el cielo agradecida del Señor y complacidos por los juicios de Dios. Apocalipsis 6:9-10 dice: «Cuando abrió el quinto sello, vi bajo el altar las almas de los que habían sido muertos por causa de la palabra de Dios y por el testimonio que tenían. Y clamaban a gran voz, diciendo: ¿Hasta cuándo, Señor, santo y verdadero, no juzgas y vengas nuestra sangre en los que moran en la tierra?» Aunque tuvieron que esperar, recibieron lo prometido. Dios siempre cumple su palabra. Después del rapto de la Iglesia, los santos estarán participando en el cielo, junto a la presencia del Señor:

1. DEL TRIBUNAL DE CRISTO:

Para recibir recompensas por nuestras obras y servicios en la villa del Señor. 2 Corintios 5:10 dice: «Porque es necesario que todos nosotros comparezcamos ante el tribunal de Cristo, para que cada uno reciba según lo que haya hecho mientras estaba en el cuerpo, sea bueno o sea malo». (1 Corintios 3:11-15).

2. LA CENA DE LAS BODAS DEL CORDERO:

La boda inicia con el arrebatamiento de la novia, la Iglesia, (1 Tesalonicenses 4:16-17); donde la Iglesia se une a Jesús en el aire. Creo que cuando dice las bodas y no la boda es la de Jehová y el pueblo de Israel, y al mismo tiempo la de Jesús con la Iglesia. Es una cena de las bodas prometidas por el Trino Dios.

Y después que estos eventos terminen es cuando el cielo se abre y aparece Jesús montado en el caballo blanco.

3. CRISTO JESÚS VIENE CON TODO SU PODER Y GLORIA.

Mateo 24: 30 dice: «Entonces aparecerá la señal del Hijo del Hombre en el cielo; y entonces lamentarán todas las tribus de la tierra, y verán al Hijo del Hombre viniendo sobre las nubes del cielo con poder y gran gloria». Jesús viene como el Mesías guerrero a establecer la verdad y la justicia, a juzgar las naciones y a luchar contra el mal. El Señor viene como guerrero conquistador, viene a defender al pueblo de Israel en la guerra del Armagedón, lugar donde se reunirán todas las naciones para la batalla (Apocalipsis 16:13-16). Batalla en donde todas las naciones irán para destruir a Israel por, entre otras cosas, no adorar a la primera bestia, que es el Anticristo.

4.LAS PALABRAS DE DIOS ESTÁN POR CUMPLIRSE EN BREVE.

Cristo es la Palabra viva. En esa ocasión es cuando todo ojo le verá y toda rodilla se doblará, y todo el mundo confesará que Jesús es el Señor, para gloria de Dios Padre, y para establecer su reino milenario, aquí en la tierra. Pero antes de establecer su reino tiene que apresar al Anticristo y al Falso Profeta, y lanzarlos vivos a un lago de fuego que arde con azufre. Note que la batalla en sí no tomará mucho tiempo, se hará como Él ha predeterminado en Su plan divino. No hay necesidad de pelear, Cristo está en control. Todos los soldados allí reunidos morirán, las aves comerán sus carnes y sus cadáveres serán enterrados en ese mismo lugar. Parece como que ninguna nación reclamará a sus muertos, ya que no tendrán tiempo para hacer su agenda, sino que estarán bajo la agenda del Señor (Ezequiel 39:11; Apocalipsis 19).

Apocalipsis 20:1-4 dice que también Satanás tiene que ser encerrado en el abismo por mil años y entonces comenzará el reinado milenario de Jesucristo en la tierra, en donde habrá paz, prosperidad y justicia. Se puede ver que ni el Padre, ni Cristo, ni el Espíritu Santo, ni siguiera un arcángel, sino un ángel sin nombre, sin ningún indicio de lucha, sólo porque tiene una orden divina, será capaz de encarcelar al Diablo por mil años. Podemos apreciar que los ángeles que no han perdido su dignidad son más fuertes, gloriosos y más poderosos que Satanás y todos sus demonios.

Desde que Cristo aparezca montado en el caballo blanco comenzará ejerciendo su soberanía absoluta sobre toda la tierra; pero su trono físico estará localizado en Jerusalén, la ciudad del gran rey (Lucas 1:32; Ezequiel 37:26-28, 40, 43:7-46). Jesús delegará de Su poder y autoridad a sus santos en su reino en la tierra. Los apóstoles serán jueces de las tribus de Israel (Mateo 19:28). David será nuevamente rey del Israel (Ezequiel 34:23-24; 37:24-25). Los santos, seremos reyes y sacerdotes (Apocalipsis 1:6), tendremos a cargo ciudades, seremos alcaldes, gobernadores y presidentes de las naciones. La Biblia enseña que reinaremos con Jesús (Apocalipsis 5:10).

CAPÍTULO 5

La caída de la gran ramera

Apocalipsis 17:1, 18:24

Los capítulos 17 y 18 de Apocalipsis son difíciles de hablar, dice Arthur H. Brown, escritor de Europa After Democracy, ya que está escrito en una forma gramatical en donde se ve varias figuras de lenguaje figurado como:

1. Metáfora: Transportar el sentido de una palabra a otra.

2. Símil: Una comparación entre dos objetos o cosas. (Ejemplo: Apocalipsis 17:12; cuernos y reyes; mujer y ciudad).

3. Personificación: Atribuir a los seres inanimados cualidades que pertenecen a los animados (Apocalipsis 17:18).

4. Acertijos: Por medio de esta figura el escritor pone a prueba el ingenio y la inteligencia (Apocalipsis 17:8-9).

Con estos tipos de figura y simbolismos, el apóstol Juan nos presenta parte de la revelación que recibió del ángel enviado por el Señor Jesucristo. Juan vio en la visión ciertas cosas que él mismo no entendía ni conocía en sus tiempos, y las describió como mejor comprendió. Las narró en detalle para que quien leyera la profecía la entendiera como él la vio. Pero su interpretación actual nosotros la entendemos con más conocimiento por lo que ahora mismo se ve en estos tiempos y la historia. Aunque el vocablo que Juan usó fue el de su tiempo, algunas de las descripciones son para nuestros tiempos.

La torre de Babel fue el primer sistema humano en contra de Dios. Nimrod inicio esto.

Babilonia se refiere al sistema de gobierno, a un tipo de vida rebelde alejado de Dios, a quellos que se han levantado contra el Señor. Pero Jeremías 51:1 dice: «Así ha dicho Jehová: He aquí que yo levanto un viento destruidor contra Babilonia, y contra sus moradores que se levantan contra mí».

¿Quién es la gran ramera? Es Roma, la gran ciudad que controla los reyes de la tierra (Apocalipsis 17:18). La bestia es el sistema político de gobierno que tiene gran poder e influencia sobre las naciones de la tierra, o sea el espíritu del imperio romano, que está constituido por las naciones que estarán en control económico y

PROFECÍA EXPLICADA - *Comprendiendo Los Eventos Futuros Según Las Escrituras*

ejercerán poder y autoridad. Este sistema político será el del Anticristo.

La mujer es una ciudad, su sistema eclesiástico y político. El término ramera indica la clase de mujer que es. Nótese que es una sola entidad presentada bajo dos metáforas: la gran Ramera y Babilonia la grande. En Apocalipsis 21:2, Juan nos habla de otra mujer en metáfora: una esposa, la Nueva Jerusalén, la santa ciudad. Estas dos mujeres son contrastadas con dos ciudades: una pertenece a la Bestia, la otra al Cordero; una es inmunda, la otra es pura. Una se viste de escarlata la otra de lino fino. Una está destinada a la perdición, la otra a gloria eterna.

Los hijos de Dios no estaremos en la tierra durante este suceso, sino que estaremos gozándonos en la cena de las bodas del Cordero en el cielo (Apocalipsis 17:8).

En Apocalipsis 17:1-18, la expresión «sentada sobre muchas aguas», se refiere a pueblos, muchedumbres, naciones y lenguas (Jeremías 51:10-14). Aunque también puede ser literal, dependiendo del contexto. En el pasaje de Apocalipsis probablemente se refiere a ambos.

La ciudad de Roma está situada geográficamente de esta manera, según la New Standard Enciclopedia. Roma ha sido llamada la ciudad de las siete colinas, localizada en la península de Italia. La localidad de este lugar armoniza con la descripción de Juan. Siete cabezas, siete montes, siete reyes (Apocalipsis 17:9).

El río Tíber le suple agua de norte a sur y gran cantidad de acueductos corren por debajo de la ciudad.

Jeremías 51:7 dice: «Se han embriagado con el vino de su fornicación». En el término espiritual, fornicación es adorar otros dioses o rendir culto a alguien que no es Dios. Esta religión no prohíbe el licor, ellos celebran la cena del Señor con vino. Tradicionalmente hablando, la religión católica romana es la religión de los reyes de la tierra y la mayoría de la gente común. La casa grande el templo alto. La representación de la mujer es la ciudad. Su esplendor y riqueza, adornada hasta lo último. No hay otra religión que sea tan rica y magníficamente decorada como la iglesia católica. A sus líderes, en especial al El Principal Líder, lo tienen en alta estima y preeminencia. De la misma manera que el imperio romano declaraba deidad a sus emperadores. Pero eso es abominación ante Dios. Esta religión cree que lo que dice El Principal Líder es infalible; pero la Biblia dice: «Antes bien sea Dios veraz y todo hombre mentiroso» (Romanos 3:4) y «Así ha dicho Jehová: Maldito el varón que confía en el hombre, y pone carne por su brazo, y su corazón se aparta de Jehová» (Jeremías 17:5). El Principal Líder y los líderes de alta jerarquía hablan como si intercedieran por el hombre ante Dios; más la Biblia dice: «Porque hay un solo Dios, y un solo mediador entre Dios y los hombres, Jesucristo hombre» (1 Timoteo 2:5).

Muchos hombres dan dinero y hacen favores a esta religión para obtener perdón de pecado y restauración a la comunión de la comunidad. Ellos van a la capilla del templo y se confiesan. Sin embargo, la Biblia dice que solo Dios puede perdonar pecado y que Jesús nos limpia con su sangre preciosa y nos libra de la ira venidera. Los católicos promueven el rezo, la plegaria, el hacer buenas obras y servicio en la comunidad para obtener perdón y paz espiritual. Pero esto no salva el alma: solo Cristo salva. Sus líderes se visten esplendorosamente con joyas y ornamentos de oro y toda clase de piedras preciosas, además llevan en sus manos un cáliz de oro. Según su argumento, el apóstol Pedro fue el primer El Principal Líder; desde entonces ha habido como 266 sucesores.

El Vaticano es como la capital de las religiones del mundo. Al principio, esta iglesia estaba bien ante Dios; pero se fue apartando de la Palabra y empezó a dejarse llevar por la tradición y doctrinas de hombres, así adulteró la verdad a cambio de poder y riquezas. También empezaron a levantarse herejías y los problemas del gobierno aumentaron. Cerca del año 313 después de Cristo; Constantino, primer emperador cristiano, oficializó la iglesia católica como la iglesia del estado. Este periodo de política y religión es llamado los años oscuros de la cristiandad por los historiadores. Y es parte de la apostasía identificada por el apóstol Pablo en sus enseñanzas. Por la causa de la predominación de la religión en la tierra, la iglesia católica apostólica y romana ha martirizado y torturado a los santos del Señor, creyendo que estaban haciendo lo aceptable ante Dios.

En Roma está el Vaticano, un pequeño pero soberano estado en donde manda El Principal Líder y en donde están las oficinas centrales de esta poderosa religión (Apocalipsis 18:24). Ellos mandan y los demás obedecen.

En la Biblia hay un caso parecido: Pablo, pero él se arrepintió de verdad y empezó a vivir para Dios. Pablo perseguía a los verdaderos cristianos y los maltrataba y luego los entregaba a la cárcel (Hechos 8).

La inquisición era la encargada de acusar, castigar, poner en la cárcel y matar a todo aquel que no era de la religión popular. Este sistema religioso será el que el Anticristo usará en su manifestación para unir a las otras religiones apóstatas en un ecumenismo mundial. El Falso Profeta es la segunda bestia y será el portavoz (Apocalipsis 13:11). Este sistema eclesiástico se entrelazará con el sistema político y económico que establecerá el Anticristo hasta cierto tiempo. La bestia representa el gobierno en poder, el cual tiene tres etapas era, es y será. Existió en el pasado, dejó de existir en cierto momento de la historia y está por subir nuevamente en control de las naciones. Se identifica con los siete imperios, porque surge de ellos; pero es el octavo porque es un nuevo poder o persona que procede de los siete, y al mismo tiempo encarna todos los rasgos anti divinos de los siete anteriores concentrados y consumados; por tal razón se dice que no son ocho, sino solo siete cabeza, porque el octavo reino es toda la encarnación de todos ellos en uno. Los imperios mundiales son Egipto, Asiria (2 Reyes 17-20), Babilonia (Daniel 1:1), Medo-Persia (Daniel 5:28), Grecia (Daniel 8:20) y Roma (Daniel 7:23). Todas estas naciones fueron enemigas de Israel (Apocalipsis 17:10).

El imperio romano fue el único que perdió su poder de adentro para fuera. O sea, ninguna nación los conquistó ni destruyó, por eso resurgirá y se irá a la perdición. Resurgirá bajo el tratado de Roma. Estos diez reyes son los diez dedos en los pies de la visión de Daniel. Estos tienen un mismo propósito: entregar su poder y autoridad a la bestia. Este grupo de reyes aborrecerá la ciudad donde está el Vaticano, y le robará sus riquezas, la destruirán y quemarán (Apocalipsis 17:16-18). Dios ejecutará parte de su justicia, usando el reino del Anticristo para castigar a Babilonia la grande (Apocalipsis 18:1-24), tal como dice Isaías 21:9: «Y he aquí vienen hombres montados, jinetes de dos en dos. Después hablo y dijo: Cayó, cayó Babilonia; y todos los ídolos de sus dioses quebrantó en tierra». En Apocalipsis 18 se enumera en detalle cómo Dios hará justicia a sus santos, apóstoles y profeta. Y se establece que en la bestia se halló la evidencia de su maldad, la sangre inocente, la cual esta religión derramó cruelmente durante muchos años. Ahora Dios le dará su justo merecido.

Mateo 24:4 dice: «Mirad que nadie os engañe». Hay que estar alerta, viviendo en santidad, fieles a Dios para ser hallados dignos de escapar en el rapto de la iglesia del Señor, y así evitar caer bajos este juicio. Cristo te ama, ve a Él.

CAPÍTULO 6

El destino de los perdidos

Mateo 13:49-50; 25:41-46; Lucas 16:19-30

En esta lección trataremos de contestar preguntas como: ¿Qué significa perderse y su aplicación eterna? ¿Quiénes son los que se pueden perder? ¿Cuál es la razón por la cual una persona se pierde? ¿Dónde se encuentra el lugar destinado para los perdidos? ¿Cuál es la única manera de evitar perderse?

En la verdad central se contesta una de estas preguntas: «Los que rechacen (menosprecian) a Cristo serán condenados por la eternidad» (Juan 3:16-18).

La Biblia es la suprema y única autoridad escrita que declara los lugares que todo ser humano irá después de la muerte, tanto los perdidos como los salvados. Los perdidos irán hacia abajo (infierno) y los salvados hacia arriba (al paraíso del cielo de Dios); tal como dice Proverbios 15:24: «El camino de la vida es hacia arriba al entendido, para apartarse del Seol abajo».

Hades es una palabra griega, que significa lo mismo que Seol, la palabra hebrea para lugar o morada de los muertos. El Seol o Hades estaba dividido en dos partes. Uno para los justos (Lucas 16:19) y otra para los injustos (Daniel 12:2). Pero después de la muerte y resurrección de Jesucristo, al ascender al cielo se llevó consigo los espíritus de los justos al cielo (Efesios 4:8-10; 2 Corintios 5:1-8; 1 Pedro 3:28-29; Apocalipsis 7:9-12). El trono de Dios está en el tercer cielo (2 Corintios 12:1-4); pero Dios es omnisciente y está en todas partes.

Hacia arriba se realizó después de la resurrección de Jesucristo, ya que antes de este glorioso evento todos los muertos descendían en espíritu: los justos al seno de Abraham (lugar de espera y descanso) y los injustos al lugar de tormento (el infierno, antesala del lago de fuego y azufre) (Apocalipsis 20:14-15; 21:8). Pero ahora los creyentes que mueren su espíritu van a la presencia del Señor inmediatamente, o sea, ascienden (Hechos 7:59; 2 Corintios 5:5-8; Efesios 4:7-10).

Hay muchas personas que no creen en el castigo eterno, ni en el infierno como un lugar real. Pero eso no elimina su existencia o realidad. Como existe el cielo, así también el infierno. Hay quienes enseñan que después de la muerte la persona a través de su religión puede evitar ir a ese lugar. Y les prometen a sus familiares que haciendo ciertos ritos y rezos ellos pueden ayudar. La verdad del caso es que Dios creó este lugar de castigo para el diablo y sus ángeles, aquellos ángeles que perdieron su dignidad y fueron arrojados del cielo; una tercera parte de todos los ángeles creados por Dios (Mateo 25:41). La voluntad de Dios ha sido que nadie entre en ese lugar, pero la gente escoge ese sitio al rechazar la única persona que puede y quiere librarlos: Jesús. Los perdidos rechazan la misericordia y la gracia de Dios. Solo Cristo Jesús tiene el poder y la autoridad de librarnos de ese terrible tormento.

LA SEPARACIÓN DE DIOS

Cuando el hombre muere físicamente, el espíritu se separa del cuerpo (2 Pedro 1:13-14). Aunque el alma y el espíritu son sustancias espirituales, no son lo mismo. El ser humano está compuesto de alma, espíritu y cuerpo, así dice 1 Tesalonicenses 5:23: «Y el mismo Dios de paz os santifique por completo; y todo vuestro ser, espíritu, alma y cuerpo, sea guardado irreprensible para la venida de nuestro Señor Jesucristo».

El alma es lo que identifica a cada individuo, es la identidad de la persona; en el alma están los deseos, los anhelos, los gustos, y la voluntad del ser humano. El alma es lo que se salva o se pierde. El alma es como un imán que mantiene en relación de continuidad al cuerpo y al espíritu (Hechos 2:27-31).

El espíritu es la parte que ayuda al hombre a tener una relación con Dios. En el espíritu está la razón, el conocimiento y el entendimiento. El espíritu es lo que da vida al ser humano; Juan 6:63 dice: «El espíritu es el que da vida; la carne para nada aprovecha; las palabras que yo os he hablado son espíritu y son vida». Y cuando Dios llama a cuenta, el espíritu es el que sale del hombre y ocurre la muerte física (1 Pedro 3:18-20).

Estas partes espirituales residen temporeramente en diferente lugar después que el ser humano deja de existir en su forma física. El cuerpo y el alma compartirán residencia en el mismo lugar hasta que ocurra la resurrección (Apocalipsis 20:12-14; Juan 5:28-29). Si la persona muere sin Cristo, tendrá condenación eterna con total separación de la presencia de Dios (2 Tesalonicenses 1:6-10).

EL JUICIO DE LOS INJUSTOS
(Mateo 25:41-46)

Este juicio tomará lugar antes del milenio del reino terrenal del Señor Jesucristo. Aquí serán juzgadas las naciones. Todos los países que podían ayudar a las necesidades y no lo hicieron, además rechazaron al Salvador ni seguían sus mandamientos. Ellos serán condenados porque no creyeron en Jesús. No llevaban una vida semejante al Señor, una vida de misericordia y compasión.

Las buenas obras sin Cristo no te salvan (Efesios 2:8-9). Tienes que creer y aceptar a Jesús y entonces llevar una vida como la de Él. Estas naciones no irán al infierno, sino directamente al castigo eterno, al lago de fuego y azufre. Nótese que algunas naciones serán participantes del reinado de Cristo. Apocalipsis 21:24 dice: «Y las naciones que hubieren sido salvas andarán a la luz de ella; y los reyes de la tierra traerán su gloria y honor a ella».

EL JUICIO FINAL
(Apocalipsis 20:11-13)
Este juicio sucederá después del milenio, en un gran trono blanco. Y todos los juzgados serán condenados al lago de fuego y azufre por la eternidad.

Una de las aplicaciones de esta enseñanza es que no es necesario que nadie sufra los tormentos del infierno, ni del lago de fuego y azufre. Cristo sufrió y murió en la cruz para que todos los que acudiéramos a Él fuéramos salvos y libres de ese terrible destino. Y la garantía es que Jesús resucitó de entre los muertos, y está sentado a la diestra de Dios. Jesús es el responsable de llevarnos al cielo, solo Él puede salvarnos (Hechos 4:12).

Hemos visto que el infierno es un lugar real, localizado en las partes más bajas de la tierra. Un lugar de sufrimiento y castigo. Pero también hemos examinado que Dios ha dado un Salvador para que todo el que cree no se pierda más tenga vida eterna. Porque la existencia del infierno es una advertencia; pero el mensaje del amor de Dios es una promesa. La Biblia dice en Hebreos 9:27-28: «Y de la manera que está establecido para los hombres que mueran una sola vez, y después de esto el juicio, así también Cristo fue ofrecido una sola vez para llevar los pecados de muchos; y aparecerá por segunda vez, sin relación con el pecado, para salvar a los que le esperan».

Ilustración de referencia

HADES

LUGAR DE TORMENTO

griego

tinieblas

desorden
intranquilidad
calor
condenación

PROFECÍA EXPLICADA - *Comprendiendo Los Eventos Futuros Según Las Escrituras*

o SEOL

hebreo

SENO
DE ABRAHAM

transpuesto al reino de Jesucristo

luz

paz
descanso
bendición
clima agradable
esperanza
reposo
salvación

CAPÍTULO 7

La resurrección

Juan 20:24-31

La evidencia inequívoca de que Jesús es el Hijo de Dios, de acuerdo con la Escritura, es su resurrección de entre los muertos (Romanos 1:1-5). Resucitar es volver a la vida un cuerpo muerto. El cuerpo de Jesús murió en la cruz del calvario, su sangre fue derramada para redimir a todos los hombres del pecado. Así que la muerte y resurrección de Jesucristo forman un conjunto redentor inseparable. Él ha sido el único que ha resucitado para nunca más morir. Jesús resucitó a Lázaro, pero este luego murió, al igual que el hijo de la viuda; pero Jesús resucitó y su cuerpo no morirá jamás, porque su resurrección es primicia de lo que durmieron (Romanos 6:8-9).

En los versos de Juan 20, Jesús establece que son bienaventurado los que creen. La incredulidad es un pecado peligroso que puede llevar a la persona al infierno si no se arrepiente a tiempo. Nosotros los cristianos somos creyentes.

Con su muerte, Jesús pagó el precio del pecado, con su resurrección, Él nos toma y nos lleva al Dios y Padre. Cristo sabe el camino al cielo, Él dijo: «Yo soy el camino, y la verdad, y la vida; nadie viene al padre, sino es por mí».

LA IMPORTANCIA DE LA RESURRECCIÓN
(1 Corintios 15:12-23)

Si no hay resurrección del cuerpo, entonces Jesús tampoco resucitó. Nació como hombre, Él nació un cuerpo humano, pero Cristo ya existía antes de ser revelado en carne al mundo (Juan 1:1-2; 14). En Juan 8:58, Jesucristo les dice a los judíos: «De cierto, de cierto os digo: antes que Abraham fuese, yo soy».

El destino, no el tiempo, es el que determina a qué parte del programa de la primera resurrección debe asignarse cualquier evento. En 1 Tesalonicenses 4:16-17, el apóstol Pablo describe el rapto de la Iglesia, se cree que aquí no están incluidos los santos del Antiguo Testamento, ni los que salen de la gran tribulación, sino que estos serán levantados en su venida. O sea, la primera Resurrección tiene varias etapas antes del milenio:

1. Cristo y las primicias.
2. Luego los que son de Cristo.
3. Y después, en su venida, los santos del Antiguo Testamento y los que salgan de la gran tribulación (Apocalipsis 7:13-17).

Condición o estado del cuerpo resucitado en la primera resurrección

Serán cuerpos glorificados iguales al del Señor. Filipenses 3:21 dice: «El cual transformará el cuerpo de la humillación nuestra, para que sea semejante al cuerpo de la gloria suya, por el poder con el cual puede también sujetar a sí mismo todas las cosas». 1 Juan 3:2 dice: «Amados, ahora somos hijos de Dios, y aún no se ha manifestado lo que hemos de ser; pero sabemos que cuando él se manifieste, seremos semejantes a él, porque le veremos tal como él es. La Biblia dice que tendremos cuerpos incorruptibles e inmortales (1 Corintios 15:51-58), tangibles (Lucas 24:37-43), igual al de los ángeles (Lucas 20:36), que no se enferman más, ni el tiempo, ni la distancia afecta sus vidas y tendrán capacidad, poder y autoridad celestial.

En la segunda resurrección, los que no obedecieron estarán alejados eternamente de la presencia de Dios (2 Tesalonicenses 1:6-10) y no ganarán la bendición eterna del Señor, sino que sufrirán la eterna perdición. Luego resucitarán para condenación.

En ambas resurrecciones la identidad del individuo es la misma, la persona es reconocida. La gran diferencia es el lugar y la condición de cada sitio. En la primera resurrección, todos recibirán la bendición de la redención, salvación, vida eterna, provisión divina y todas las promesas de Dios.

En la época bíblica existían varias sectas judías, entre ellas los saduceos, estos eran tradicionalmente poderosos y con gran autoridad entre el pueblo de Israel. La mayoría de ellos eran sacerdotes, escribas, herodianos y fariseos. Esta secta no creía en la resurrección de los muertos, entre otras cosas (Mateo 22:23-33; Marcos 12:18-27; Lucas 20:27-40). Pero la Escritura dice que es la fuerza y poder de Dios el que resucito a Jesús y nos resucitará a nosotros, si somos de Él, tal como dice Efesios 1:19-20: «Y cual la supereminente grandeza de su poder para con nosotros los que creemos, según la operación del poder de su fuerza, la cual operó en Cristo, resucitándole de los muertos y sentándole a su diestra en los lugares celestiales».

¿Cuántos quieren sentarse, como Jesús, a la diestra de Dios? Pues lo que tenemos que hacer es creer, y si ya creímos, tenemos que continuar creyendo hasta el fin.

Tanto en griego como en hebreo, el término resurrección siempre se refiere al cuerpo, nunca a la naturaleza espiritual o alma del hombre; aunque existen ciertos versos que se refieren al espíritu del hombre, como Colosenses 3:1-2 y Efesios 2:4-7. La resurrección en los que creen será obrada por el Espíritu Santo y la presencia del Señor (Romanos 8:11, Filipenses 3-20-21, 2 Corintios 5:1-10; 1 Corintios 4:14). Esta es la llamada primera resurrección o resurrección de vida (Apocalipsis 20:4-6). Tendremos cuerpos glorificados como el de Jesucristo, inmortales e incorruptibles.

La segunda resurrección sucederá mil años después de la primera y serán para los que no creyeron, ellos resucitarán para condenación. Ahora bien, dentro de la primera resurrección debido a la promesa de vida eterna, están incluidos todos aquellos que se levanten para vida eterna. Pero en su debido orden (1 Corintios 15:21-23).

La cruz o sea la muerte de Jesús, el Hijo de Dios, es el centro de la fe cristiana. Pero la interpretación de la cruz depende de la resurrección del Señor Jesús. La cruz y la resurrección forman un conjunto redentor inseparable. Gracias a Dios que verdaderamente Jesús se levantó del sepulcro. El Señor resucitó de entre los muertos para vida eterna. Él es la primicia de esta promesa; somos salvos porque el poder que levantó a Jesucristo también nos levantará a los que creemos en Él (Efesios 1:19-20). La naturaleza de la resurrección está relacionada al cuerpo físico, esta obra maravillosa de la resurrección para vida eterna será operada por el Espíritu Santo y la presencia del Señor en el creyente (Romanos 8:11; Filipenses 3:20-21; 2 Corintios 5:1-10).

La segunda resurrección es para condenación de todos los incrédulos y pecadores de todos los tiempos. Ellos se presentarán ante el juicio del gran trono blanco, según Apocalipsis 20:11-15. Y serán juzgados y luego lanzados al lago de fuego, separados eternamente de la presencia de Dios.

Dios te ama, y desea que tú y los tuyos reciban vida eterna. Si oyeres hoy Su voz, no lo rechaces, Él dice: «Dame, hijo mío, tu corazón y miren tus ojos por mis caminos».

CAPÍTULO 8

La diferencia entre el tribunal de Cristo y el juicio del gran trono blanco

1 Corintios 15:57-58

¿ESTÁ TU NOMBRE INSCRITO EN EL LIBRO DE LA VIDA?

(Lucas 10:20)

La Palabra de Dios es verdadera y siempre se cumple. Lo que el Señor ha dicho, a su tiempo se cumplirá. Algunas personas dicen que Dios hace lo que le da la gana; pero yo digo que Él siempre hace lo correcto y lo justo. Dios no puede mentir: es fiel y verdadero. En Él sí se puede confiar; el hombre te falla, pero Dios nunca. El hombre se enaltece, se pone engreído, se llena de egoísmo y soberbia, pero el Señor nos enseñó a ser humildes y sencillos mientras esperamos en Él.

Dios no cambia, el Señor es el mismo ayer, hoy y por los siglos. Su naturaleza es santa, pura y honesta. Su esencia es la santidad. Él está comprometido con Su palabra. Si Dios lo dijo, se realizará tarde o temprano. Isaías 45:23 dice: «Por mí mismo hice juramento de mi boca salió palabra en justicia, y no será revocada: que a mí se doblará toda rodilla, y jurará toda lengua». Y el apóstol Pablo, en referencia al Antiguo Testamento, dice en Filipenses 2:10-11: «Para que en el nombre de Jesús se doble toda rodilla de los que están en los cielos, y en la tierra y debajo de la tierra; y toda lengua confiese que Jesucristo es el Señor, para gloria de Dios Padre». En este pasaje se puede ver los lugares en donde este suceso ocurrirá: En los cielos se refiere a lo celestial, a lo angelical y sobre todo a los salvados que se encuentran en espíritu en el cielo. En la tierra esto hace referencia a lo terrenal, a los que viven físicamente, aunque hay muchos que están muertos espirituales (Efesios 2:1-3). Debajo de la tierra se refiere a los que ya murieron físicamente y están en espíritu en el infierno (Lucas 16:23-25).

Nosotros, los cristianos que adoramos y nos arrodillamos ante la presencia del Señor en reverencia y en reconocimiento de su poder y señorío, ya estamos cumpliendo en parte esta escritura, aunque nos volveremos a arrodillar en adoración en el cielo ante el tribunal de Cristo. Y aun los ángeles se postrarán y adorarán al Rey de reyes y Señor de señores. Aquí en la tierra durante el milenio de Jesucristo también todos se arrodillarán y confesarán que Jesús es Señor, aunque luego algunos se rebelarán y serán juzgados (Apocalipsis 20:8).

Todos los pecadores vivos y muertos, en especial los arrogantes, orgullosos, los soberbios e irreverentes, tendrán que arrodillarse ante la presencia del Señor durante el juicio del gran trono blanco.

El tribunal es el lugar destinado para administrar justicia y dar un veredicto; en este caso los santos recibirán premios, galardones por su servicio y fidelidad. No habrá sentencia de condenación, sino recompensas. Se pasará lista.

El juicio es el acto legal en donde se ejerce la ley y las evidencias de los hechos. Los que asistirán a este lugar ya han sido declarados culpables por no creer en el Hijo de Dios, se presentarán para recibir justa sentencia por sus obras (Juan 3:18) y por ser infieles. La sentencia es condenación.

EL TRIBUNAL DE CRISTO

Cuando la Biblia habla del tribunal de Cristo, se refiere al momento en el cielo donde los creyentes de todos los tiempos comparecerán, según Romanos 14:8-12, y 2 Corintios 5:1-10. Ya no se trata de salvación, sino de recompensas y galardones que recibirán los santos por su trabajo en la tierra mientras estaban en el cuerpo humano. Recompensas tales como: corona de justicia (2 Timoteo 4:8) por su amor a Jesús y por esperar su venida; corona de la vida (Santiago 1:12; Apocalipsis 2:10) por soportar la prueba y por ser fieles; corona de gloria (1 Pedro 5:4) por un buen servicio de liderato; y una corona incorruptible (1 Corintios 9:25) por luchar legítimamente y abstenerse del mal.

Luego reinaremos con Cristo, heredaremos todas las cosas, tendremos gozo eterno, descansaremos del trabajo, brillaremos como las estrellas y nos sentaremos a juzgar las naciones junto al Señor Jesucristo. Solo los redimidos con la sangre de Jesucristo, tanto los resucitados como los transformados por el poder de Dios, tendrán este privilegio celestial; tal como dicen estos textos:

«Porque el Señor mismo con voz de mando, con voz de arcángel, y con trompeta de Dios, descenderá del cielo; y los muertos en Cristo resucitarán primero. Luego nosotros los que vivimos los que hayamos quedado, seremos arrebatados juntamente con ellos en las nubes para recibir al Señor en el aire, y así estaremos siempre con el Señor». 1 Tesalonicenses 4:16-17

«He aquí, os digo un misterio: No todos dormiremos; pero todos seremos transformados, en un momento, en un abrir y cerrar de ojos, a la final trompeta; porque se tocará la trompeta, y los muertos serán resucitados incorruptibles, y nosotros seremos transformados». 1 Corintios 15:51:52

Inmediatamente después de este acontecimiento es que nos presentaremos ante la divina presencia del Señor; y de ahí a las bodas del Cordero. Apocalipsis 19:9 dice: «Y el ángel me dijo: Escribe: Bienaventurados los que son llamados a la cena de las bodas del Cordero». Se pasará lista, seremos llamados por nuestro nombre y recibiremos uno nuevo.

EL JUICIO ANTE EL GRAN TRONO BLANCO

Cuando la Biblia habla del juicio del gran trono blanco, se refiere al lugar en la tierra donde solo los incrédulos de todos los tiempos tendrán que presentarse ante Dios para recibir su sentencia final. Este suceso ocurrirá sucesivamente después del milenio terrenal del reinado de Jesucristo.

«Y vi un gran trono blanco y al que estaba sentado en él, de delante del cual huyeron la tierra y el cielo, y ningún lugar se encontró para ellos. Y vi a los muertos, grandes y pequeños, de pie ante Dios; y los libros fueron abiertos, y otro libro fue abierto, el cual es el libro de la vida; y fuero juzgados los muertos por las cosas que estaban escritas en los libros, según sus obras. Y el mar entrego los muertos que había en él; y la muerte y el Hades entregaron los muertos que habían en ellos; y fueron juzgados cada uno según sus obras. Y la muerte y el Hades fueron lanzados al lago de fuego. Esta es la muerte segunda. Y el que no se halló inscrito en el libro de la vida fue lanzado al lago de fuego». Apocalipsis 20:11-15

Este grupo estará excluido de la presencia del Señor por la eternidad (2 Tesalonicenses 1:6-10).

Podemos ver que tanto el creyente como el incrédulo tendrán que doblar rodillas y confesar que Jesús es Señor, pero cada grupo en su lugar y en su debido tiempo.

A veces los cristianos sufrimos, pasamos dificultades y problemas; pero con todo somos más que vencedores porque Jesús está con nosotros. Habrá ocasiones en que seremos probados como el oro fino; Dios nos purifica para que estemos puros, santos y preparados para levantarnos en el rapto de la Iglesia.

Solo Jesucristo salva, Él quien nos libra de la condenación. Si no tienes a Cristo, tu buenas obras no te van a salvar. Jesús es el abogado de los creyentes. La ley juzgará a los que viven según la ley, y ninguno será justificado. Pero los creyentes hemos sido justificados por la fe en Jesucristo, el Hijo de Dios. En Él está la victoria y la vida del cristiano.

Que sucedió en el ámbito espiritual durante la muerte, sepultura, resurrección y ascensión de Jesucristo

1 Pedro 3:18-22 tiene que ser complementada en armonía con Efesios 4:7-10 y Apocalipsis 1:18 para poder, no solamente entender, sino también recibir la revelación de la verdad.

LA OBRA DE CRISTO FUE TOTAL Y COMPLETA.

No solo murió y resucitó de acuerdo con las Escrituras, sino que durante el periodo de su muerte, sepultura, resurrección y ascensión, Jesús recobró en victoria:

1. Todas las bendiciones espirituales para su pueblo (Efesios 1:3).

2. Las llaves de la muerte y del Hades que poseía Satanás (Hebreos 2:14-16; Apocalipsis 1:17-18).

3. Su obra terminada (1 Pedro 3:19; Juan 19:30).

4. Y se presentó en el cielo como ofrenda perfecta ante Dios (Hebreos 9:23-26).

ESTAS Y OTRAS MUCHAS COSAS HIZO CRISTO EN EL MUNDO ESPIRITUAL.

La Biblia declara en 2 Corintios 5:1-8, que cuando el creyente muere su espíritu va a la presencia del Señor, al cielo en donde Él está. No así antes, ya que esto tuvo lugar después de la resurrección de Cristo. En Lucas 16:19-31, el Maestro dice que todo ser humano cuando moría descendía al Hades, lugar de los muertos, compuesto de dos sitios o condiciones:

1. Seno de Abraham: Aquí entraban solo los justos y temerosos de Dios, que esperaban en el Mesías y en la justicia divina (Lucas 16:22-24).

2. Lugar de tormento, infierno, antesala del lago de fuego y azufre. Apocalipsis 20:13-15 dice: «Y el mar entregó los muertos que había en él; y la muerte y el Hades entregaron los muertos que había en ellos; y fueron juzgados cada uno según sus obras. Y la muerte y el Hades fueron lanzados al lago de fuego. Esta es la muerte segunda».

Aquí es donde entra parte de la revelación de la Palabra de Dios con relación a Efesios 4:8-10. Por lo cual dice: «Subiendo a lo alto, llevó cautiva la cautividad, y dio dones a los hombres. Y eso de que subió, ¿qué es, sino que también había descendido primero a las partes más bajas de la tierra? El que descendió, es el mismo que también subió por encima de todos los cielos para llenarlo todo».

«Cautivaste la cautividad», de acuerdo con el Diccionario Pequeño Larousse, esta expresión quiere decir que libertó a los cautivos, liberó a los prisioneros. Jesús fue abajo a rescatar a los santos y temerosos de Dios y los transporto a lo más alto del cielo: el paraíso de Dios. El ladrón en la cruz está gozando de esta bendición junto a todos los santos del Antiguo Testamento y los que mueren en Cristo.

Dios Padre traslado el seno de Abraham hacia el cielo. Y todos los que mueren en Cristo van en espíritu al cielo (Colosenses 1:12-14); mientras que los que no son de Cristo, al morir, su espíritu va al Hades, infierno, lugar de tormento.

Con relación al bautismo que menciona en 1 Pedro 3:21, el diluvio fue para Noé como un bautismo, como el paso del mar Rojo lo fue para los israelitas. 1 Corintios 10:2 dice «y todos en Moisés, fueron bautizados en la nube y en el mar». Noé fue salvo por agua que Dios envió; por el bautismo en el diluvio, él y su familia fueron trasladados del mundo antiguo al nuevo; de la destrucción inmediata a una probación prolongada; del compañerismo de los malvados a la comunión con Dios y a un pacto nuevo: así nosotros también lo somos por el bautismo. Ahora bien, conforme a las Escrituras,

PROFECÍA EXPLICADA - *Comprendiendo Los Eventos Futuros Según Las Escrituras*

el bautismo en agua por sí mismo no salva. Como dice Marcos 16:16, hace falta creer: «El que creyera y fuere bautizado será salvo; más el que no creyere, será condenado». Además, el ejemplo de salvación sin bautismo es el del ladrón en la cruz, quien fue salvo al creer en Jesús (Lucas 23:40-43). En 1 Corintios 1: 17a Pablo dijo: «Pues no me envió Cristo a bautizar sino a predicar el evangelio...» Se establece que el bautismo en agua no salva. El bautismo que verdaderamente salva es el que toma lugar cuando el Espíritu Santo injerta al nuevo convertido al cuerpo de Cristo.

Esto ocurre cuando la persona cree y acepta a Jesús como su Salvador y Señor (1 Corintios 12:13). Ahora bien, el bautismo con el Espíritu Santo es una bendición para el creyente. Este bautismo con el Espíritu Santo es obrado por el Señor Jesucristo. Es Jesús quien nos bautiza en el Espíritu Santo (Mateo 3:11; Juan 1:33-34).

CAPÍTULO 9

Señales de los últimos días para los cristianos

Romanos 16:17-18

Mateo 24:4 dice: «Respondiendo Jesús, les dijo: Mirad que nadie os engañe». El Señor Jesucristo les dijo a sus discípulos que, antes de su venida y antes del fin del siglo, se levantaría un grupo de gente religiosa diciendo que ellos son Cristo, dioses que tienen la verdad, que son los maestros y profetas de Dios. Y engañarán a muchos (Mateo. 24:11). Sin embargo, debemos hacer lo que dice Mateo 24:23-24: «Entonces, si alguno os dijere: Mirad, aquí está el Cristo, o mirad, allí está, no lo creáis. Porque se levantarán falsos Cristos y falsos profetas, y harán grandes señales y prodigios, de tal manera que engañara, si fuere posible, aun a los escogidos».

¿QUIÉNES SERÁN ENGAÑADOS CON MAYOR FACILIDAD?

- Los que ignorando las Escrituras y el poder de Dios caen en error. (Mateo 22:29).

- Aquellos que aún son niños espirituales. (Efesios 4:14).

Actualmente disfrutamos de una tecnología superior a todos los tiempos. Los medios de comunicación son sorprendentes. La transportación aérea, marítima y terrenal es extraordinariamente veloz. El hombre se puede mover alrededor del mundo en varios días a través del aire, y comunicarse en cuestiones de minutos en cualquier parte o lugar del planeta. Estas y otras señales fueron anunciadas en la Palabra de Dios, muchos años atrás, por los profetas. Abdías 4 dice: «Si te remontares como águila, y aunque entre las estrellas pusieres tu nido, de ahí te derribaré, dice Jehová»; y Daniel 12:4 dice: «Muchos correrán de aquí para allá y la ciencia se aumentará». Estos versos se refieren a las naves aéreas y terrestres, y al conocimiento científico e intelectual.

Algunos creyentes confunden el emocionalismo con la unción, el espectáculo con la manifestación del poder de Dios. Y aun la cantidad con la calidad. El pueblo del Señor debe estar alerta y conocer las Escrituras. Tenemos que aprender a discernir entre el bien y el mal. Y entre la verdad y el error para que no ser engañados. Un grupo de hombres y mujeres que se han extraviado de la verdad enseñan doctrina de error; y muchos les creen. Es difícil que el sistema del mundo engañe a un cristiano; pero cuando de la religión se levanta alguien con carisma, popularidad y enseñando algo nuevo, la gente cristiana tiende a oírlo y hasta seguirlo. El cristiano ha sido llamado a seguir a Cristo y hacer oidores de la Palabra de Dios. Este grupo de maestros con doctrina de error y distorsión bíblica están engañando a muchos.

En Efesios. 4:14, la Palabra de Dios nos exhorta y nos dice: «Para que ya no seamos niños fluctuantes, llevados por doquiera de todo viento de doctrina. Por estratagema de hombres que para engañar emplean con astucia las artimañas del error». Aquí la palabra estratagema, significa táctica o maniobra de manejar un asunto sutilmente. Las artimañas es la trampa secreta que se emplea para conseguir un fin.

En 2 Timoteo 4:3, el apóstol continúa exhortando y nos dice: «Porque vendrá tiempo cuando no sufrirán la sana doctrina, sino que, teniendo comezón de oír, se amontonarán maestros conforme a sus propias concupiscencias, y apartarán de la verdad el oído y se volverán a las fábulas». Aquí la palabra sufrirá, se refiere a que no soportarán la inquietud o deseo interior de sus concupiscencias, el deseo inmoderado de los bienes terrenales y de los goces sensuales.

Como cristiano estamos obligados a defender la sana doctrina y la verdadera fe del evangelio. Algunos dirán cada persona tiene derecho a su propia opinión. Y está en lo cierto, pero aquí esa no es la situación. El problema es que las almas se están perdiendo, porque andan detrás de hombres y doctrina de demonios (1 Timoteo 4:1-2).

ESAS FALSAS DOCTRINAS DICEN QUE:

1. Si Cristo no hubiera sido bautizado con el Espíritu Santo, Él hubiera pecado como hombre. (BH)

2. Si el sacrificio de Jesús en la cruz fue suficiente para pagar el precio del pecado, entonces los dos ladrones también podían hacer la remisión del pecado. (FP)

3. Nosotros somos una réplica o encarnación de Dios. (KH, MM)

4. Cristo tuvo que ir al infierno para ser atormentado por Satanás, pagar el precio y tomar la naturaleza del enemigo para vencerlo en su terreno. (KC, FP)

5. Jesús era una persona rica económicamente, al igual que sus discípulos. (JA, FP)

6. Dios tiene tres cuerpos, tres almas y tres espíritus. (BH)

7. Cristo también murió espiritualmente. (BH)

Estos dichos entre otros son los que estos maestros falsos dicen: Mas el creyente de Jesucristo tiene que defender la sana doctrina, enseñada primeramente por Jesús los profeta y los apóstoles. Tal como dice Judas 3-4: «Amados, por la gran solicitud que tenía de escribiros acerca de nuestra común salvación, me ha sido necesario escribiros exhortándoos que contendáis ardientemente por la fe que ha sido una vez dada a los santos»; y Tito 1:9-11: «Retenedor de la palabra fiel tal como ha sido enseñada, para que también pueda exhortar con sana enseñanza y convencer a los que contradicen. Porque hay aún muchos contumaces, habladores de vanidades y engañadores». En Judas, la palabra contendáis, se define como luchar, rivalizar, no discutir; y la palabra contumaces en Tito, se refiere al porfiador, aquel que esta obstinado en el error.

¿CÓMO RECONOCER ESTAS FALSAS ENSEÑANZAS?

1. No existe un balance bíblico; ellos no condenan el pecado y dicen que todo está bien. El tema de la santidad es remoto, ni se menciona.

2. Están constantemente trayendo nueva revelación, contraria a la Palabra de Dios. Ellos traen fabulas, cuentos falsos.

3. Poseen una gran cantidad de ganancias deshonestas. El ministerio se enriquece, pero no alcanzan a las almas perdidas. No hay predicación evangelística sino lecciones de enseñanzas y opiniones.

4. Este grupo de maestros están ligado por un mismo sentir la popularidad, el amor al dinero y la sed por el poder desmedido. Las características que los identifica están en 2 Timoteo 3:1-5.

5. Estos maestros son en su mayoría independientes, o sea no están bajo ninguna supervisión, ni autoridad eclesiástica. Aunque entre este grupo de líderes se asocian y se complementan, respaldándose uno al otro para así cumplir su maniobra secreta sutilmente. Están en control de gran cantidad de dinero y quieren más; y multitudes de personas los siguen y los apoyan ciegamente. Aquí es donde el cuerpo de Cristo, en especial aquellos creyentes inocentes y gran mayoría de los que ignoran las Escrituras, se deja llevar por este hecho visible y tentador, para no oponerse a sus falsas doctrinas y se las permiten con aplausos y dinero.

Esto es un problema más serio de lo que muchos piensan porque está en contra de los principios fundamentales del cristianismo y de la doctrina esencial de nuestra fe: como lo es la divinidad de Jesucristo, la santísima trinidad, el sacrificio de Jesús en la cruz, la naturaleza de Dios y otros.

Jesús mismo tomó tiempo para exhortar a sus discípulos con relación a ser engañados en estos últimos días. Es menester que el creyente esté alerta, conozca la Palabra de Dios y la ponga por obra. «Mirad que nadie os engañe».

CAPÍTULO 10

Restauración Celestial

Colosenses 1:19-20

La obra de Jesús fue total y completa, una vez y para siempre. Tanto en lo terrenal como en lo celestial. El pecado trajo y tiene resultados trágicos en todos los ámbitos; cuando la mujer fue engañada y el hombre pecó, alteró todas las cosas. Pero no tomó a Dios por sorpresa, ya que Él sabe y conoce todas las cosas. El hombre perdió el dominio de la tierra, murió espiritualmente y comenzó la maldición del pecado: enfermedad, dolor y muerte del cuerpo físico, destrucción, llanto y confusión en la tierra. Donde hay pecado existe confusión y desorden (Ezequiel

28:14-17). Cuando se halló pecado en el querubín Lucifer, el lugar celestial de los ángeles se infectó con su presencia pecaminosa. Y Dios tenía que limpiar y santificar ese lugar (Isaías 14:11). Lo primero que Dios hizo fue expulsar a Satanás y a la tercera parte de ángeles (Apocalipsis 12:4) que perdieron su dignidad y siguieron a Lucifer en su rebelión (Judas 5-6). A pesar de que Dios había arrojado a estos ángeles, lo celestial necesitaba ser purificado por un acto de obediencia. Y Cristo se ofreció a sí mismo para salvar al hombre y restaurar lo celestial, no a los ángeles que pecaron, así dice Hebreos 2:16: «Porque ciertamente no socorrió a los ángeles, sino que socorrió a la descendencia de Abraham».

Mientras tanto, el diablo obtuvo legalmente los dominios de la tierra, las llaves de la muerte y del Hades, por la desobediencia del hombre. Pero Dios había provisto el método para restaurar la situación en que se encontraba el hombre. Y las cosas celestiales también serían purificadas por el mismo acto.

El libro de Apocalipsis contiene, en su mayoría, profecías de eventos futuros; se puede apreciar sucesos que han pasado, hechos cumplidos parcialmente y profecías que se cumplirán por completo en el futuro cercado, como lo es la victoria de los santos por la sangre del Cordero, o la batalla angelical. En el capítulo 12 se puede ver que hay sucesos pasados y eventos futuros juntos.

Tradicionalmente se ha dicho que el diablo va a acusar a los santos ante Dios. Esto era cierto, Satanás iba y se presentaba ante Jehová Dios y acusaba a los santos del Señor, como lo describe Job 1:6-12. Desde que se le halló pecado a este querubín, las cosas celestiales entraron en crisis, hubo desorden y confusión. Y tenían que ser santificadas en la manera y en el momento determinado por Dios. Es mi creencia que cuando el libro de Hebreos en 9:26 dice «para quitar de en medio el pecado» se refiere al diablo, a Satanás mismo. Estoy convencido de que el diablo ya no tiene el mismo acceso a presentarse ante el trono de Dios, porque Dios no puede estar donde hay pecado, Él es santo.

Mientras que el diablo ha sido restringido a la tierra y al primer cielo, como Efesios 2:2 dice: «En los cuales anduvisteis en otros tiempos, siguiendo la corriente de este mundo, conforme al príncipe de la potestad del aire, el espíritu que ahora opera en los hijos de desobediencia». En Juan 12:31, Jesús dijo: «Ahora es el juicio de este mundo; ahora el príncipe de este mundo será echado afuera». El Señor en este verso profetizó la restricción celestial completa que tendría Satanás en el cielo de Dios. Hay tres cielos: el del aire (de la atmosfera para abajo), el cielo de las estrellas y galaxias, y el cielo de Dios (el paraíso). Cuando en Lucas 10:18 Jesús dice: «Yo veía a Satanás caer del cielo como un rayo», Él declaró que el diablo caería totalmente de su potestad hacia la tierra y de su acceso al trono de Dios. Cristo vio el resultado parcial de su victorioso ministerio terrenal y la movilización del maligno del cielo.

El diablo no puede subir al cielo de Dios; el único que bajó del cielo y volvió a subir es el Señor Jesucristo (Juan 3:13). Él purificó y restauró lo celestial a través de su sacrificio de muerte y muerte de cruz, y se presentó ante su Padre en el cielo (Hebreos 9:23-26). El diablo es un mentiroso y padre de mentira. Una de las tácticas que usa es la de oprimir la mente del hombre, al traer pensamientos de acusación sobre los creyentes, y en ciertos casos hasta oprimirlo imponiendo depresión emocional. Pero no puede poseer a los cristianos; mientras que a los no creyentes sí, ya que no están bajo la protección divina sino en maldición. Si el diablo tuviera el mismo acceso que tenía antes, ¿cómo se cumpliría Hebreos 10:12-19 cuando dice: «Nunca más me acordaré de sus pecados»? Cuando el hombre se arrepiente y acepta a Jesús como su único y suficiente salvador, esta provisión divina se hace real en cada persona.

La Biblia declara en Romanos 8:33-34: «¿Quién acusará a los escogidos de Dios? Dios es el que justifica. ¿Quién es el que condenará? Cristo es el que murió; más aún, el que también resucitó, el que además está a la diestra de Dios, el que también intercede por nosotros.» El sacrificio de Jesús abarca mucho más de lo que se ha enseñado tradicionalmente: salvación, liberación, sanidad divina, victoria, prosperidad, etc. Jesús estableció un pacto nuevo (Romanos 8:31-

32). Cristo es nuestro abogado. Él nos representa legalmente ante el Padre (1 Juan 2:1-2) e intercede como sumo sacerdote por los creyentes. Cristo se hizo hombre para, entre otras cosas, deshacer las obras del diablo; y como dice 1 Juan 3:8: «El que practica el pecado es del diablo; porque el diablo peca desde el principio. Para esto apareció el Hijo de Dios, para deshacer las obras del diablo»; y eliminar la maldición al traer bendición al mundo (Hebreos 2:14-15).

Jesús dice en Juan 5:45: «No penséis que yo voy a acusarlos delante del Padre; hay quién os acusa, Moisés, en quien tenéis vuestra esperanza». Aquí Moisés tipifica la ley. Los que viven por la ley serán juzgados por la ley y no necesitan un acusador, ya que la misma ley los acusará, y ninguno será justificado por la ley (Romanos 3:19-20). La obra de Cristo fue completa y total, tanto en lo terrenal como en lo celestial. Jesús restauró todas las cosas en el cielo y muy pronto también en la tierra.

EPÍLOGO

La Promesa de Un Nuevo Comienzo

Después de recorrer los temas que nos han llevado a comprender los tiempos venideros y el plan perfecto de Dios, quiero dejarte con una palabra de aliento y esperanza.

La Escritura nos revela que, tras la culminación del plan redentor de Dios, se establecerá un Cielo nuevo y una Tierra nueva (Apocalipsis 21:1). Este es el destino glorioso de todos los que han sido redimidos por la sangre de Jesús, la promesa final que Dios ha preparado para Sus hijos.

En ese día, todas las luchas, lágrimas y sufrimientos quedarán atrás. La gran tribulación habrá concluido, el mal será erradicado por completo, y el enemigo de nuestras almas tendrá su fin definitivo. Dios hará nuevas todas las cosas y nos dará una morada eterna donde ya no habrá dolor, enfermedad ni muerte (Isaías 65:17; Apocalipsis 21:4).

Imagina por un momento la majestuosidad de la Nueva Jerusalén, una ciudad radiante, llena de la gloria de Dios, descendiendo del cielo.

Un lugar donde la luz de Su presencia ilumina cada rincón y donde el río de vida fluye cristalino desde Su trono, trayendo sanidad a las naciones (Apocalipsis 22:1-5). Allí, los redimidos vivirán en cuerpos glorificados, semejantes al de Cristo resucitado (Juan 20). Ya no habrá limitaciones humanas, ni la sombra del pecado, solo la plenitud de la comunión eterna con nuestro Salvador.

Pero aún más glorioso que la ciudad misma será el gozo de estar cara a cara con Dios, sin velos ni separaciones. Seremos Su pueblo y Él será nuestro Dios por toda la eternidad.

Querido lector, esta es nuestra esperanza inquebrantable. No importa las dificultades del presente, las pruebas o los desafíos de esta vida. Nuestra historia no termina aquí.

Nos espera un destino glorioso, una eternidad llena de gozo en la presencia del Rey de reyes. Mantente firme en la fe, vive con propósito y nunca olvides que, en Cristo, tenemos la promesa segura de una vida eterna.

Porque al final de todas las cosas, Dios ha prometido: "He aquí, yo hago nuevas todas las cosas" (Apocalipsis 21:5).

Y esta es la promesa más maravillosa de todas.

Acerca del autor

Samuel Vizcarrondo Febres nació el 11 de octubre de 1957 en la barriada Buenos Aires, Santurce, Puerto Rico, en un entorno humilde y de escasos recursos. Su infancia estuvo marcada por la pérdida de su padre, Rufino Vizcarrondo Pizarro, cuando aún no había cumplido tres años de edad. Criado por su madre, Ramona Febres Rivera, Samuel creció junto a sus cinco hermanos y tres hermanas en diferentes sectores de Puerto Rico, incluyendo Las Monjas, Carolina y el Caserío Sabana Abajo.

Desde temprana edad, enfrentó desafíos que moldearon su carácter y determinación. En un momento crucial de su juventud, tuvo que elegir entre la Prisión Juvenil o Hogar Crea, un centro de rehabilitación para adictos. Optó por *Hogar Crea*, donde, después de dos años y medio, obtuvo su GED y continuó sus estudios en la *Escuela Dr. José M. Lázaro de Country Club*, Carolina.

Más adelante, conoció a su amada esposa, Ruth N. Estrada, quien adoptó el apellido Vizcarrondo por razones militares en Puerto Rico. Con la llegada de su primera hija, Samuel decidió priorizar el bienestar de su familia y, tras obtener un grado asociado en Contabilidad en el *Puerto Rico Junior College de Río Piedras*, tomó una decisión que cambiaría su vida: ingresar al Ejército de los Estados Unidos.

En 1980, tras prestar juramento, partió por primera vez de Puerto Rico hacia Carolina del Sur, donde completó su entrenamiento básico y avanzado. Durante su servicio militar, fue asignado a Fort Hood, Texas (actualmente Fort Cavazos) y tuvo la oportunidad de servir en Alemania, Corea y Alaska. Además, ha visitado diversos lugares alrededor del mundo, incluyendo Hawái, Jamaica, y varios países de Centro y Sur América, experiencias que enriquecieron su perspectiva cultural y espiritual.

Desde una edad temprana en su caminar con Cristo, Samuel Vizcarrondo Febres desarrolló un profundo interés por el estudio de la escatología bíblica, una pasión que nació bajo la enseñanza de uno de sus primeros pastores. Este mentor fomentaba en sus congregantes el hábito de leer la Biblia en su totalidad cada año, promoviendo el estudio individual y la búsqueda personal de conocimiento en las Escrituras.

Siguiendo esta enseñanza, Samuel no solo escuchaba las lecciones impartidas en la iglesia, sino que dedicaba horas en su hogar a volver a leer las referencias bíblicas y profundizar en los temas expuestos. Fue en este proceso de estudio y reflexión donde descubrió la riqueza de la profecía bíblica y su impacto en el destino de la humanidad.

Mas allá de la convicción espiritual, ha dedicado más de 20 anos de estudio y experiencias personales para complementar este material. Su base teológica se fortaleció a través de un programa intensivo de aprendizaje de seis meses cuando era miembro de la iglesia de Dios en Tacoma, WA, así como mediante otros cursos teológicos y bíblicos con diferentes instituciones cristianas vinculadas con la iglesia de Dios. A lo largo de los años, ha observado una necesidad creciente dentro de la iglesia de volver a enseñar la profecía con claridad y profundidad. Considera que muchas personas tienen una comprensión limitada del fin de los tiempos, creyendo únicamente que, tras la muerte, los creyentes van al cielo y todo termina ahí. Sin embargo, la escatología bíblica revela que aún hay eventos trascendentales por cumplirse, eventos que afectarán tanto a los que estén vivos en la tierra como a aquellos que ya han partido a la presencia del Señor.

Convencido de la importancia de educar a la iglesia en estos temas, Samuel ha dedicado su vida al estudio y enseñanza de la profecía bíblica, brindando una guía clara y accesible para aquellos que desean comprender los eventos futuros según las Escrituras. Su deseo es que cada creyente aprenda a escudriñar la Palabra de Dios con profundidad, encontrando en ella no solo información sobre el futuro, sino una fuente inagotable de esperanza y dirección espiritual.

Samuel Vizcarrondo Febres es un hombre de fe, perseverancia y dedicación, cuyo caminar con Dios ha sido una fuente de transformación y propósito. Su compromiso con el estudio de las Escrituras lo llevó a profundizar en la escatología bíblica, desarrollando un enfoque didáctico y accesible para compartir con otros creyentes el conocimiento de los eventos proféticos según la Biblia.

Hoy, con una vida marcada por la superación, el servicio y la enseñanza, Samuel comparte su pasión por la Palabra de Dios a través de su labor como autor y maestro bíblico, proporcionando herramientas valiosas para aquellos que desean comprender el plan profético de Dios.

NOTAS

....

....

....

....

....

....

....

....

....

....

....

....

....

....

....

....

....

....

....

....

NOTAS

NOTAS

NOTAS

....

....

....

....

....

....

....

....

....

....

....

....

....

....

....

....

....

....

www.ingramcontent.com/pod-product-compliance
Lightning Source LLC
LaVergne TN
LVHW051602080426
835510LV00020B/3098